零基础学
基金投资
从入门到精通

股震子 / 编著

中国宇航出版社

·北京·

版权所有　侵权必究

图书在版编目（CIP）数据

零基础学基金投资从入门到精通　/股震子编著．--北京：中国宇航出版社，2019.10（2021.1重印）
ISBN 978-7-5159-1693-4

Ⅰ．①零… Ⅱ．①股… Ⅲ．①基金－投资－基本知识 Ⅳ．①F830.59

中国版本图书馆CIP数据核字(2019)第195647号

策划编辑	田芳卿	责任校对	吴媛媛
责任编辑	卢　册	装帧设计	宇星文化

出版发行　**中国宇航出版社**

社　址　北京市阜成路8号　　　　　邮　编　100830
　　　　(010)60286808　　　　　　　(010)68768548
网　址　www.caphbook.com
经　销　新华书店
发行部　(010)60286888　　　　　　(010)68371900
　　　　(010)60286887　　　　　　(010)60286804(传真)
零售店　读者服务部
　　　　(010)68371105
承　印　三河市君旺印务有限公司
版　次　2019年10月第1版　　　　2021年1月第4次印刷
规　格　787×960　　　　　　　　开　本　1/16
印　张　15　　　　　　　　　　　字　数　214千字
书　号　ISBN 978-7-5159-1693-4
定　价　48.00元

本书如有印装质量问题，可与发行部联系调换

基金投资
从来都不简单
（代序）

　　基金投资与股票投资不同，它的本意是让专业的人去做专业的事。作为普通投资者，可能根本没有那么多时间去了解股市、债市等金融市场，而基金公司的基金经理则是以研究金融市场为生的，你只需支付较少的钱，就可以让这些大牌基金经理为自己"打工"，帮自己打理资金。相对而言，这是一种尚佳的选择。

　　当然，这并不意味着投资者只需买入基金就可以了。很多投资者将基金投资看成是一种懒人投资，即选择一种基金，买入后就不再管了。如果你对投资收益没有要求，这样做并无不可。事实上，每个投资者在投资基金时，无一不是从收益与风险的角度出发来作出选择的，即在可接受的风险限度内实现收益最大化。回顾选择基金的角度可以发现，投资者要实现投资的初衷并不容易，特别是在收益波动的情况下实现收益最大化，并不是一件简单的事。

　　从风险的角度来看，接近于固定收益类产品的货币型基金无疑是最佳选择。这类基金很少出现亏损，然而很现实的问题也摆在面前，即这类基金的收益也是比较低的。从收益的角度来看，股票型基金的收益可能会达到投资者的期望值，例如在2019年第一季度，一些股票型基金品种的收益甚至超过了60%。然而，这种收益水平只有在股市反弹或牛市的前提下才能实现；在熊市，这些基金品种的收益极有可能是负数，甚至亏损幅度超过30%的品种都是屡见不鲜的。由于我国股市缺乏做空机制，所以股票型基金在熊市中很难赚钱。反之，从另一个角度来说，在股市处于熊市时，债券型基金的表现往往非常强势，这就为基金投资者提供了一种新的选择。

其实，真正意义上的基金投资从来都不是买入、持有、卖出那么简单，需要投资者对大的经济环境有一定的认识和了解，通过构建基金组合，运用基金品种和类型的切换，尽量避开某一类型基金的熊市，拥抱牛市。

当然，任何选择都会面临一定的风险，这也是基金投资者必须承受的。若投资者真的不想承受任何风险，可能也只剩下货币型基金可选了。不过，即使这样，同一类基金中还有细分的若干个基金品种，基金公司、基金经理也需要投资者进一步筛选。总之，投资的道路上从来没有捷径。

目录 CONTENTS

第一章 基金投资将成为投资主流

第一节 什么是基金 /3
一、基金与证券投资基金 /3
二、为什么投资基金的人越来越多 /4

第二节 基金投资常用术语 /6
一、申购、认购、超额认购、定投、赎回、巨额赎回 /6
二、募集期、验资期、封闭期、基金清盘 /9
三、基金发行日、基金成立日、基金开放日 /11
四、基金份额、基金单位净值、累计净值、估算净值 /11
五、基金收益、基金净收益、权益登记日、除息日 /14
六、基金分红、现金分红、红利再投资 /15
七、持有收益、持有收益率、累计收益 /16
八、投资类型、基金经理、管理人、基金规模、基金评级 /18
九、上市交易、场内、场外、基金转换、转托管 /20

第三节 基金的基本类别与品种 /21
一、按运作方式分：开放式与封闭式 /21
二、按投资对象分：股票型、债券型、货币型、混合型、FOF基金 /23
三、按投资目标分：成长型、收入型、平衡型 /25
四、按投资理念分：主动型与被动型（ETF基金） /27
五、按法律形式分：契约型与公司型 /29

六、按募集对象分：公募基金、私募基金　/31
　　七、其他基金：保本基金、分级基金、QDII 基金、DFII 基金　/31

第二章　基金交易入门

第一节　从哪儿买基金最划算　/37
　　一、银行买基金　/37
　　二、基金公司买基金　/38
　　三、证券公司买基金　/39
　　四、第三方销售平台买基金　/40

第二节　基金投资费用知多少　/41
　　一、申购与认购费用　/45
　　二、持仓费用　/43
　　三、赎回费用　/44

第三节　基金的认购、申购与赎回　/45
　　一、基金认购及其规则　/45
　　二、基金申购及其规则　/47
　　三、基金赎回及其规则　/48

第四节　交易所交易基金的操作步骤　/49
　　一、开立一个证券账户　/49
　　二、交易软件的下载、安装与交易　/51
　　三、已有股票账户开通基金账户　/54

第三章　四维定位选好基金

第一节　选基金要先选定产品　/59
　　一、从基金名称看产品属性　/60
　　二、基金名称中的 A、B、C　/61
　　三、基础性评价指标：安全性、流动性、费用率、基金规模　/64

- II -

四、每类基金产品的收益与风险　/66
　　五、查看评级机构的评级　/68
　　六、评估基金产品业绩表现　/70

第二节　看业绩选基金经理　/72
　　一、了解基金经理的背景　/72
　　二、了解基金经理的运作成绩　/74
　　三、关注基金经理变动情况　/75

第三节　选基金要关注基金公司　/76
　　一、了解基金公司的背景　/76
　　二、关注基金公司的投资方向　/78
　　三、对比基金公司的业绩表现　/78
　　四、找到基金公司业绩最佳的产品　/79

第四节　认清大势再选基金　/80
　　一、基金与经济大环境　/80
　　二、根据趋势调整基金配置　/81

第四章　基金交易基本策略与技巧

第一节　基金购买策略与技巧　/85
　　一、基金申购与认购　/85
　　二、基金净值与基金申购　/86
　　三、基金建仓时机的选择　/88
　　四、长线持有还是短线持有　/90
　　五、构建合理的基金组合　/90

第二节　基金加仓策略　/91
　　一、基金加仓的基本策略　/91
　　二、顺势加仓　/93
　　三、逆势加仓　/94

第三节　基金减仓与赎回技巧　/95

一、主动赎回与被动赎回　/95

二、一次性赎回与分批赎回　/96

第五章　股票型基金交易技术

第一节　股票型基金及其特征　/101

一、专业人士代为炒股　/101

二、组合投资　/102

三、风险与收益并存　/103

四、投资地域多元化　/103

第二节　股票型基金主要投资方向　/104

一、大盘股、中小盘股　/104

二、行业股　/106

三、主题概念板块　/108

四、混合型基金投资方向　/110

第三节　股票型基金交易技巧　/111

一、底部入场与定投　/112

二、板块轮动与调仓换基　/113

三、顶部离场切换至债基　/115

四、减少操作频率，降低交易成本　/116

第六章　指数型基金交易技术

第一节　为何巴菲特偏爱指数型基金　/121

一、市场总体向上　/121

二、股价难以预测　/122

三、抛弃人为因素，大道至简　/123

第二节　指数基金及其分类　/124

一、指数与指数的作用　/124

二、宽基指数基金与窄基指数基金　/127

第三节　常用指数与指数型基金　/130

一、宽基指数　/130

二、行业指数　/134

三、策略指数　/138

四、其他类型指数　/141

第四节　如何挑选指数型基金　/145

一、指数基金、增强型指数基金、ETF 基金、ETF 联接基金　/145

二、宽基指数还是窄基指数　/147

三、如何挑选窄基指数型基金　/148

四、货比三家，性价比高才是王道　/149

第五节　ETF 基金及其交易机制　/151

一、ETF 基金及其申购　/151

二、ETF 基金交易规则　/155

三、ETF 基金套利技巧　/157

第七章　债券型与货币型基金交易技术

第一节　货币型基金：余额宝、腾讯零钱通、京东小金库　/163

一、货币型基金及其特点　/163

二、如何选择货币型基金　/164

三、货币型基金交易技巧　/166

第二节　债券型基金及其特点　/167

一、债券型基金的主要投资方向　/168

二、债券型基金的收益影响因素与投资策略　/169

第三节　债券型基金的经典品种　/172

一、纯债基金　/172

二、可转债债券基金 /174

第八章 分级基金交易技术

第一节 中国特色的分级基金 /179
一、何为分级基金 /179
二、分级基金开通条件 /181

第二节 分级基金内部运行模式 /182
一、杠杆原理 /182
二、配对转换机制 /185
三、定期折算与不定期折算 /186

第三节 分级基金的交易模式 /191
一、拆分与合并套利 /191
二、基金折算与填权行情 /193
三、分级 B 的资金游戏 /194

第九章 其他基金的交易技术与方法

第一节 封闭式基金 /199
一、封闭式基金的折价与溢价 /199
二、封闭式基金的交易要点 /201

第二节 LOF 基金 /201
一、LOF 基金的基本特征 /202
二、LOF 基金的套利技巧 /202

第三节 QFII 基金与 QDII 基金 /204
一、QFII 基金及其特点 /204
二、QDII 基金及其操作技巧 /205

第四节　打新基金　/209

一、从名称中识别打新基金　/209

二、如何挑选打新基金　/210

三、战略配售基金（独角兽基金）　/211

第十章　基金定投

第一节　基金定投与定投模式　/215

一、基金定投的基本策略：时机、标的与原则　/215

二、基金定投的特点　/217

三、基金定投的基本模式　/218

第二节　基金智能定投　/220

一、以均线为中心的智能定投　/220

二、以市盈率为中心的智能定投　/223

三、以风险偏好为中心的智能定投　/224

四、以动态转换为中心的智能定投　/226

第一章

基金投资将成为投资主流

目前，基金投资已经逐渐成为家庭理财的主流选择。统计数据表明，在美国，基金投资公司掌握了美国居民家庭总资产的四分之一。也就是说，在所有美国家庭中，有四分之一的财产都用于投资基金了。和国外比较成熟的投资理念相比，我国老百姓的投资理念还不够成熟，基金投资的占比并不高，但也呈逐年快速上升的趋势。未来，基金投资很有可能成为我国老百姓最重要的投资途径。

第一节　什么是基金

目前，已知的最早的基金萌芽出现在19世纪初的荷兰。荷兰国王威廉一世在1822年创立了第一只私人基金，他拿出一部分资金委托专业的投资人员投资外国政府的证券，这其实就是最早的证券投资基金。不过，这只基金是专门服务于荷兰国王的，还不能称为现代意义上的基金。到了1868年11月，英国的"海外和殖民地信托"在《泰晤士报》刊登招募说明书，公开向社会公众发售认股凭证，这是公认的设立最早的基金投资机构。

相比国外基金业的蓬勃发展，我国内地的基金行业起步较晚。1991年8月，珠信基金的成立标志着我国基金投资（封闭式基金雏形）的起步。之后，天骥、蓝天、淄博等投资基金作为首批基金在深圳、上海证券交易所上市，标志着全国性基金投资市场诞生。

一、基金与证券投资基金

基金有广义与狭义之分。广义上的基金是指为了某种目的而设立的具有一定数量的资金。比如信托投资基金、公积金、保险基金、退休基金、各种基金会的基金，都属于基金。大家比较熟知的每年发放的诺贝尔奖，其奖金就是由诺贝尔基金会支付的。诺贝尔基金是根据阿尔弗里德·诺贝尔的遗嘱建立起来的，初始资金也是由阿尔弗里德·诺贝尔提供的。诺贝尔基金会将资金用于投资，并将取得的投资收益中的一部分用于支付每年的诺贝尔奖奖金。

狭义的基金主要是指以获得投资收益为目的的证券投资基金。本书所讲的基金，就是狭义上的基金。

有这样一个故事。

有甲、乙两个投资者。

投资者甲总是喜欢把自己的闲钱用于购买股票，但由于平时工作较忙，并没有太多的时间研究股市，学习投资理论。在股市暴涨时期，尽管能够获得较为丰厚的收益，但是在震荡市和熊市，亏损的概率更大。几年下来，投资者甲不仅没有从股市中赚钱，反而出现了一些亏损。投资者乙则比较保守，他喜欢将自己的钱放到银行，尽管不会出现亏损，但收益却相对较低。

正当投资者甲和乙为自己的投资发愁时，来了一位自称投资专家的丙。丙告诉甲和乙，可以把钱交给他，由他代为投资，不过他会从这些资金中抽取少量的管理费。丙拿到甲和乙的资金后，将其投资于股票、债券等投资品种，并按约定时间给甲和乙分红。

在这个故事中，投资专家丙充当的就是基金经理的角色，他募集的资金就是一个证券投资基金。

所谓的证券投资基金，是一种利益共享、风险共担的集合证券投资方式，即通过基金发行单位发行基金份额，把众多投资人的资金集中起来，形成独立的资产，由基金托管人（一般由银行担任）托管，由基金管理人（基金管理公司）负责管理和运作，以获得投资收益和资产增值为目的。目前，国内的证券投资基金多以股票、债券等有价证券作为投资标的。

二、为什么投资基金的人越来越多

不管是有目的地购入基金，还是将闲钱存入余额宝、腾讯理财通抑或京东小金库，都说明你已经开始投资基金了。为何现在投资基金的人越来越多了呢？其背后的原因与个人理财意识提升、基金本身具有的特点有着密不可分的关系。

1. 个人理财意识的提升

任何时候，内因都是起决定性作用的。随着时代的发展，越来越多的人对"你不理财，财不理你"这句话有了更深的理解。让钱跑起来，让钱生钱，已经成为大家的共识。正因为如此，越来越多的人已经不能满足于将闲钱存入银行获得固定利息了，于是开始寻求更加丰富的理财方式。

炒股、炒房热潮的背后，一方面说明越来越多的投资者开始关注并希望获得投资收益，另一方面也说明很多投资者仍旧心存"一夜暴富"的不成熟投资意识。其实，这也是整个社会理财意识觉醒过程中必然经历的一些小波折。未来，随着理财意识的不断提升和逐步成熟，大家会更为理性地选择适合自己的投资方式，证券投资基金也会越来越受到投资者的青睐。

2. 基金本身具有的特点

基金成为大多数人的投资选择也有其必然性，这种必然性与基金的特点密不可分。概括起来说，基金具有如下几个特点。

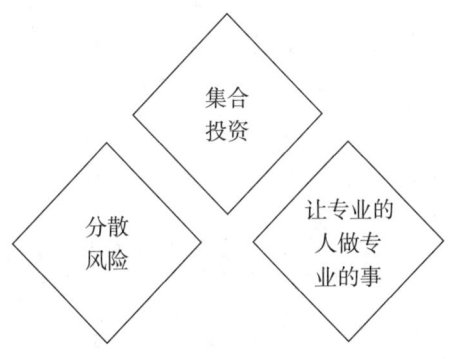

图 1-1　基金投资的三个特点

第一，集合投资。

基金能够将零散的资金巧妙地汇集起来，并由专业的机构运营，投资于各种有价证券和金融工具。对于普通投资者而言，要想用自己手里的闲钱买入一些收益较高的金融工具比较困难（这些金融工具的投资门槛相对较高），而买入基金，再由基金公司买入金融工具，则会比较容易，毕竟买入基金不需要较高的门槛。基金公司将普通投资者手中的"小钱"集合成大资金后，就可以获得相对来说较为优厚的投资条件。大资金在投资方面的规模优势不是普通投资者所能比拟的。

第二，分散风险。

"不能将鸡蛋放在同一个篮子里"，这是投资者对于分散投资风险的一个共识。对于普通投资者而言，数额并不大的资金要想实现分散投资并不是一件容易的事，毕竟每增加一项投资，都需要增加一些学习时间和投资费用，买入基金则可以实现用"小钱"分散风险。对于规模庞大的基金来说，要想实现保值、增值，分散风险是必然的选择。也就是说，投资者买入一份基金，就相当于买入了一个投资组合。

第三，让专业的人做专业的事。

相比于基金公司的基金经理，普通投资者掌握的投资知识是非常有限的。普通投资者根本没有那么多的时间和精力去关注投资领域，基金经理则是数年甚至十几年如一日地跟踪投资领域，他们掌握的投资知识非常丰富。用闲钱买入基金，就相当于普通投资者用很少的钱雇佣了一个非常专业的投资团队为自己服务。

第二节 基金投资常用术语

为了让投资者能够更容易地理解基金投资活动，本节将基金投资活动中的常用术语进行了归纳和解释，供投资者参考。

一、申购、认购、超额认购、定投、赎回、巨额赎回

1. 申购

基金申购是指投资者到基金管理公司或选定的基金代销机构开设基金账户，按照规定的程序申请购买基金份额的行为。投资者买入开放申购的基金的行为，就称为申购。如图1-2所示。

第一章 基金投资将成为投资主流

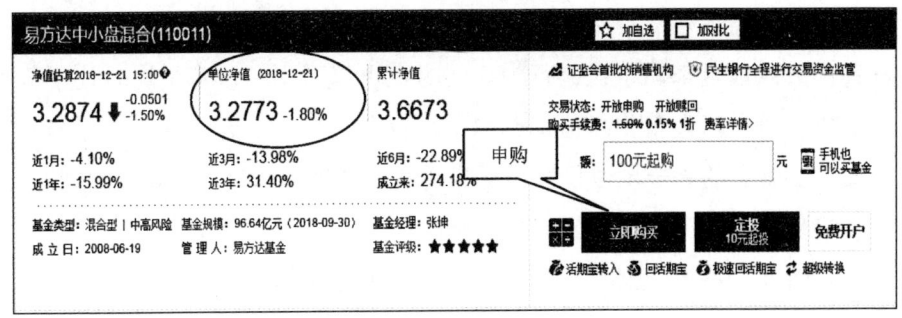

图 1-2 申购正在开放中的基金

投资者申购开放交易中的基金时，其价格会在基金单位净值基础上加上一定的销售费用。如图 1-2 所示，投资者要买入该基金，需按照当时的单位净值每份 3.2773 元加上一定的费用支付申购款项。投资者投入一定金额后，系统会在两个交易日内（基金公司将投资者投入的资金转为基金份额需要一定的时间）给出投资者所持有的基金份额。

2. 认购

认购与申购相似，也是一种买入基金的行为。基金认购是指投资者在基金首次募集期内购买基金的行为。通常情况下，基金在正式宣布成立前都有一个募集期，投资者在此期间购入的行为都属于认购。如图 1-3 所示。

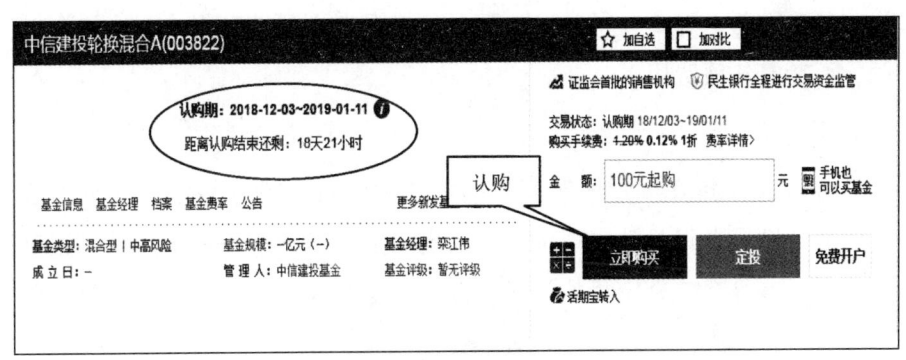

图 1-3 认购募集中的基金

投资者在认购期购入基金，在费用方面会有一定的优惠，其认购价格一般为基金单位价格加上一定的销售费用。从图 1-3 中可以看出，"中信建投轮换混合A"基金距离认购结束还有18天。也就是说，在给出的最后时间之前，投资者购买该基金都属于认购行为。同时也可以看出，该基金当时处于募集期，基金规模和基金单位净值都不确定。投资者投入一定的资金后，当时并不能确定所持有的基金单位份额，要等到基金募集期结束，基金正式成立后，才能公布基金净值和投资者持有的份额数。

投资者认购的基金必须要等到基金封闭期结束后才能赎回，或者等到基金可以上市交易后才能卖出。投资者若是申购基金，则可在申购成功后的下一交易日赎回。

3. 超额认购

超额认购是指在基金募集期内，投资者认购的基金份额超过基金发行量的情况。基金出现超额认购，说明市场上的投资者对正在募集资金的基金比较看好，市场需求量较大。当然，这种情况一般是基于基金公司或基金经理具有较高的声誉，也可能是该基金投资的品种属于市场热门品种。

由于基金募集的资金总额不能超过预先核准的限额，因而基金出现超额认购时，基金公司一般会通过抽签或按比例配售的方式分配份额。例如，一只基金预先设定的规模上限为100亿元，但是市场上的投资者在几个交易日内认购额度就达到了200亿元。这时，基金公司可能会采用按比例配售的方式分配基金份额，那么先前认购2万元的投资者则只能获得1万个基金单位份额（不考虑各项费用）。

4. 定投

基金定投是指在固定的时间将固定金额的资金投入指定的开放式基金中。例如，投资者每月从工资中拿出固定的金额用于购入基金产品。相对于一次性买入基金，基金定投的门槛更低，也更容易平摊成本。关于基金定投的相关技巧和方法，后面还会详细介绍。

5. 赎回

投资者以自己的名义直接或透过代理机构向基金管理公司要求部分或全部退出基金投资，并将卖出基金的款项汇至该投资者的账户内。

通常情况下，大家所说的基金赎回指的是投资者主动赎回持有的开放式基金份额。封闭式基金投资者无法进行赎回操作，投资者想要将手中的基金份额赎回，只有等到封闭式基金转为开放式基金，或者通过二级市场卖出手中的基金份额。

6. 巨额赎回

巨额赎回是指开放式基金在某一交易日的净赎回量（赎回申请总数扣除申购申请总数后的余额）超过基金规模的10%时，基金管理人可以在接受赎回比例不低于基金总规模10%的情况下，对其余的赎回申请延期办理。通常情况下，基金公司会预先准备一定的余额用于应对投资者的赎回，不过，当投资者大量赎回基金时，基金公司则需要时间将手中的资产变现。

作为投资者，若遇到巨额赎回时，可以采取的措施包括连续赎回或取消赎回。连续赎回是指在基金公司当日无法满足投资者的赎回申请时，顺延至下一个交易日继续申请赎回基金。

二、募集期、验资期、封闭期、基金清盘

大多数基金从成立到最后清盘，大致要经过这样几个阶段：基金募集期、基金成立、封闭期、开放期、基金清盘。有些基金可能会持续运营很多年而不出现清盘，例如前面介绍的诺贝尔基金就运营了上百年。证券投资基金很少会出现运营上百年的情况，特别是中国内地的基金，自初创至今时间并不太长。

1. 募集期

基金募集期是在基金合同和招募说明书中载明的经证监会核准的基金份额募集期限。通常情况下，基金募集期是从基金发布公告到基金宣告成立为止。基金募集期一般从一个月到三个月不等，但通常不能超过三个月。

投资者在基金募集期购入基金份额称为认购。在基金募集期，投资者只能买入基金而不能卖出，基金单位净值一般为1元/每份。

经过证监会核准发行的基金都会有基金份额的限制，在基金募集期，若提前达到基金限额，基金募集期会提前终止；若在基金募集期投资者购入的

总基金份额超过基金规模限额，则超额的认购额度将不能被确认；在基金募集期，若投资者购入的总基金份额达不到基金规模最低限额，基金不能成立，投资者认购的款项将会返回本人。

2. 验资期

验资期是指基金募集期结束后，由法定验资机构在 10 日内完成验资。通常情况下，验资期为 3 到 7 天。

3. 封闭期

基金成功募集资金宣告基金成立后，会有一段不接受投资人赎回基金份额申请的时间段，这个时间段就是基金的封闭期。封闭期是为了方便基金后台登记注册，为日后申购、赎回做好充分的准备。同时，基金管理人也可以利用这段时间根据市场情况合理规划，初步安排投资。在封闭期内，投资者不能申购和赎回基金。除了封闭式基金外，开放式基金的封闭期一般不能超过三个月，当然也有个别的基金例外。例如，2018 年发行的六只独角兽基金（战略配售基金）的封闭期都达到了三年，如图 1-4 所示。

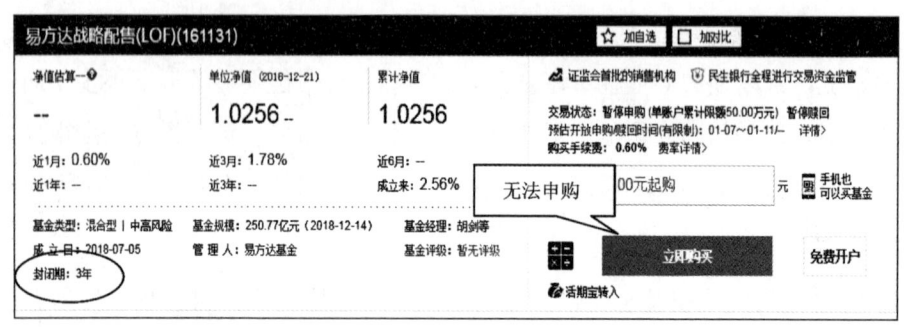

图 1-4　处于封闭期的基金

4. 基金清盘

基金清盘是指基金资产全部变现，将所得资金分配给持有人。通常情况下，在基金成立时的基金契约中会规定基金清盘的时间。不过，根据我国基金管理有关法规的规定，若一只基金出现下列情况之一，可由管理人向证监会提出基金清盘。

第一，在开放式基金存续期间内，若连续60个工作日基金资产净值低于5000万元。

第二，在开放式基金存续期间内，若连续60个工作日基金持有人数量达不到200人。

例如，从2017年到2018年，由于债券市场和股票市场低迷，基金清盘的数量逐渐增加。特别是2018年上半年，有277只基金清盘。

三、基金发行日、基金成立日、基金开放日

一只基金从核准发行到最后投资者可以自由交易，需要经过若干个时间段，期间有几个比较特殊的日期，需要投资者了解。

1. 基金发行日

基金发行日是指基金发起人在各个销售网点开始销售基金的日期。也就是说，从这一时间开始，投资者可以开始认购基金了。

2. 基金成立日

基金成立日是指基金达到成立条件后，基金管理人宣布基金成立的日期。通常情况下，基金经过之前的募集期后已经募集到一定规模的资金了，此时即可宣布基金成立。

3. 基金开放日

基金开放日是基金允许申购、赎回、转换或定投期间的交易日。通常情况下，一只基金募集资金结束后会有一段时间的封闭期，以便基金经理处理相关事宜。在封闭期内，投资者不能申购或赎回基金。基金开放日就是基金结束封闭期转为开放的日期。从该日期后，投资者可自由申购或赎回基金。

四、基金份额、基金单位净值、累计净值、估算净值

1. 基金份额

基金份额是指基金发起人向投资者公开发行的表示持有人按其所持份额对基金财产享有收益分配权、清算后剩余财产取得权和其他相关权利并承担

相应义务的凭证。例如，投资者向基金公司支付 10000 元用于认购基金，那么即使基金份额的价格为 1 元，投资者所持有的基金份额也不会是 10000 份，而是 9950 份左右（考虑手续费等因素）。其后，投资者就是依照持有的这些基金份额享受基金运行过程中带来的各种权益。

基金份额也称为基金单位，1 个基金份额就是 1 个基金单位。

2. 基金单位净值

基金单位净值是指每一基金份额对应的基金净资产价值。通常情况下，开放式基金每个交易日会更新最新的当日基金单位净值。基金单位净值的计算公式如下。

基金单位净值 = 基金净资产 / 基金总份额

每个交易日收盘后，基金公司会根据基金持有的各类有价证券的收盘价计算出基金总资产的价值，扣除当日所有费用和成本后，得出基金当日单位净值。如图 1-5 所示。

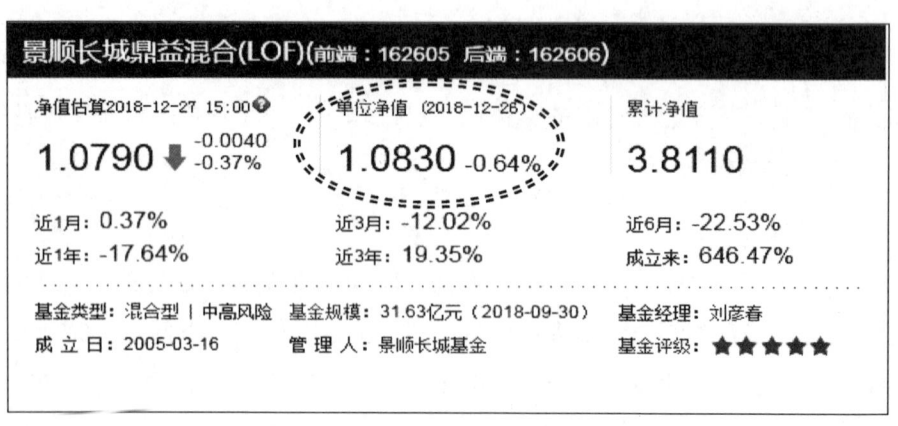

图 1-5　基金单位净值（2018.12.26）

如图 1-5 所示，景顺长城鼎益混合基金的单位净值为 1.083 元（2018.12.26），即截至 2018 年 12 月 26 日，该基金的单位净值为 1.083 元。也就是说，投资者在 2018 年 12 月 27 日可以查看到前一交易日（即 12 月 26 日）该基金的单位净值。

3. 累计净值

基金单位累计净值是基金单位净值与基金成立后历次累计单位派息金额的总和，反映该基金自成立以来的所有收益的数据。比如，某只基金当日单位净值为1.59元，历史累计单位派息总和为1.88元，则其累计净值应当为3.47元。例如图1-5中景顺长城鼎益混合基金的单位累计净值为3.811元，也就是说，该基金当日单位净值1.083元与历史单位累计派息的总和为3.811元。

通过查看一只基金的累计净值情况，投资者可以做出如下几方面的判断。

第一，累计净值反映了基金成立以来取得的累计收益，可以比较直观地反映基金运作的历史表现。通俗地说，累计净值越高，说明基金管理水平越好。

第二，累计净值可以修正最新单位净值给投资者选择基金带来的困扰。最新净值的高低并不能全面反映基金运作的情况，有的基金当日单位净值可能相对较低，但可能是由于历史累计分红较高造成的。

第三，投资者在选择基金时，不能"贪便宜"选择净值较低的基金（选择这样的基金可能会获得相对较多的份额，即更多的基金单位），但若其历史累计净值较低，说明基金运作水平十分有限，那么该基金未来的运营情况也堪忧。

4. 估算净值

估算净值，顾名思义，就是一些基金网站或财经软件根据基金持仓、投资证券标的当日价格走势、基金历史业绩表现及一些独创的算法，大致估算的实时基金净值。前面曾经说过，基金公司会在每日收盘后给出当日的单位净值，但是有一些投资者想在盘中时段了解基金的实时净值情况，于是一些基金网站或财经软件就给出了一个估算出来的大致净值走势。通常情况下，估算的净值大多与实际单位净值存在一些误差，因此，这个估算净值只能作为投资者投资基金时的参考。

如图1-5所示，天天基金网根据景顺长城鼎益混合基金投资的标的价格变动情况，给出了该基金当日实时的基金估算净值为1.079元。这个1.079元并不是基金的最新净值，只是天天基金网估算的一个价格。投资者要想知道该基金准确的当日净值，还要在股市收盘后查看基金公司给出的单位净值公告。

五、基金收益、基金净收益、权益登记日、除息日

1. 基金收益

基金收益是基金资产在运作过程中产生的超过自身价值的部分。比如，基金公司共募集资金100亿元，经过基金公司的一系列运作，在第一年末，该基金总资产达到了110亿元，这说明基金公司获得了10亿元的收益，这10亿元就是基金收益。通常情况下，基金收益主要来源于三种：其一，利息收益，即基金公司持有的银行存款所获得的利息收益；其二，股息或股利收入，即基金公司通过持有的证券获得的股息或股利收入，通俗来说，就是获得上市公司的分红收入；其三，基金的资本利得收入，即基金公司持有的证券价格上升所获得的溢价收益，通俗来说，就是证券价格上涨带来的收益。

2. 基金净收益

基金净收益是指基金收益减去按照国家有关规定可以在基金收益中扣除的费用后的余额。基金费用包括基金管理费、基金托管费以及按照国家规定需要扣除的费用。

3. 权益登记日

权益登记日是指登记享有分红权益的基金份额的日期，基金份额持有人在权益登记日持有的基金份额享有利润分配的权利。也就是说，投资者在权益登记日当天交易时段结束后（即15:00以后），持有的基金份额都享有与之相对应的分红的权利。若投资者在权益登记日当天（15:00之前）不再持有基金份额，则不再享受利润分配的权利。

这里有一个概念投资者需要清楚，投资者发出基金赎回申请当日，基金公司会按照下一交易日基金单位净值办理基金赎回操作。也就是说，若投资者在权益登记日发起赎回操作，那么还将享有基金分红的权利。

4. 除息日

除息日就是在预先确定的某日从基金资产中减去所分的红利总金额。比

如说，除息日前，每份基金的单位净值为 1.11 元。该基金采用现金分红的方式，每份额基金分红额度为 0.01 元，那么除息日后的每份基金的单位净值为 1.10 元。

在除息日当天，投资者会发现基金单位净值相比前一交易日出现大幅减少，这是因为基金单位净值中已经剔除了分红的那一部分资产。

六、基金分红、现金分红、红利再投资

1. 基金分红

基金分红是指基金管理公司将基金收益的一部分以现金形式派发给投资人。通常情况下，这部分收益应该是基金在运作过程中产生的增值部分。按照《证券投资基金管理暂行办法》的规定：基金管理公司必须以现金形式分配至少 90% 的基金净收益，并且每年至少一次。基金分红后，基金的单位净值就会出现相应的减少行为。

2. 现金分红

现金分红是基金最主要的分红方式，是基金公司将基金净收益以现金的形式返还给投资者的一种形式。前面介绍过，按照《证券投资基金管理暂行办法》的规定，基金公司必须以现金形式进行分红。假如一个投资者持有 10 万份的基金份额，基金公司为每份额基金分红 0.2 元，那么该投资者本次可获得的分红额度为 2000 元。

基金公司要想实现每年分红，必须满足一定的条件。

第一，如果之前年度存在亏损的情况，必须先弥补亏损，然后再进行利润分配。

第二，基金收益分配后，单位净值不能低于面值。也就是说，若一只基金的单位净值低于 1 元，那么它是不能进行分红的。

第三，基金若当期出现投资亏损，也不能进行分红。有些基金公司历史业绩较佳，历史累计业绩较高且单位净值较高，但若当期出现亏损，即使亏损很少，当期也不能进行分红。

3. 红利再投资

红利再投资是指基金进行现金分红时，基金投资者将分红所得的现金以当天基金价格直接购买该基金，增加原先持有的基金份额。对于想要增加基金份额的投资者来说，红利再投资是一种优于现金分红的红利分配方式。投资者选择现金分红后，若将拿到手的现金追加购入基金，需要支付一定的申购费用，选择红利再投资则无需支付申购费用。

在牛市当中，选择红利再投资的好处不只是节省了申购费那么简单。投资者若在拿到现金后再申购基金，那么从申购基金到基金到账还需要几个交易日，选择红利再投资则没有中间环节，红利发放当日就可以看到基金份额增加了。大家知道，牛市中，每天的基金净值都会随着股市的上涨而上扬，投资者重新申购基金需要几天时间，就相当于错过了几天的收益。当然，在熊市中，选择红利再投资的意义就不那么大了，毕竟将现金拿到自己手里才是最安全的。

七、持有收益、持有收益率、累计收益

投资者购入基金后，可以通过手机或其他终端查看基金收益情况，如图1-6所示。

1. 持有收益

持有收益是指投资者持有该基金后所获得的资产净增加值。例如，投资者买入1万元的基金，一个月后基金资产价值为10200元，则持有收益为200元。这200元是基金收益扣除各项费用后所获得的净增加额（其中包括分红部分）。图1-6所示的持有收益为198.06元，说明投资者买入该基金后累计获得了198.06元的收益。

图 1-6　易方达 3 年封闭战略配售基金的持有收益率情况

2. 持有收益率

持有收益率是指投资者持有基金所获得的收益与投入资金的比值。以图 1-6 为例，投资者投入的总资金为 1 万元，其获得的收益为 198.06 元，则其持有收益率的计算方式如下。

持有收益率 = 持有收益 / 投入该基金的总额

=198.06/10000 ≈ 1.98%

3. 累计收益

前面所说的持有收益指的是投资者购入的单只基金的收益情况。若投资者购入了几只基金，那么，累计收益指的就是这些基金在一年内的综合收益情况。

一年内，投资者购入了几只基金，累计收益就会涵盖几只基金。若投资者已经将其中的若干只基金卖出了，那么，累计收益也会将卖出的基金收益情况统计在内。

八、投资类型、基金经理、管理人、基金规模、基金评级

投资者在查看基金的相关资料时，不可避免地会遇到这样几个概念：投资类型、基金规模、基金经理、管理人、基金评级等，如图1-7所示。

```
易方达中小盘混合(110011)

净值估算2018-12-28 15:00         单位净值（2018-12-27）      累计净值
3.2973 ↑ +0.0167 +0.51%          3.2806 -0.22%              3.6706

近1月：-1.42%        近3月：-15.18%       近6月：-19.68%
近1年：-13.31%       近3年：33.81%        成立来：274.56%

基金类型：混合型 | 中高风险    基金规模：96.64亿元（2018-09-30）    基金经理：张坤
成 立 日：2008-06-19           管理人：易方达基金                  基金评级：★★★★★
```

图1-7　易方达中小盘混合基金

1. 基金投资类型

基金投资类型是指基金投资的主要范围。目前基金投资类型主要包括股票型、债券型、货币型、混合型等几类。

基金投资类型反映了一种基金的投资偏好，例如，股票型基金的主要投资标的为证券市场交易的各大公司的股票。该类基金的收益与股市整体走势相关，即当股市上涨时，基金收益较佳；反之，股市下跌时，基金收益较差。

通常情况下，基金投资类型后面会有一个风险提示说明。例如图1-7中的"易方达中小盘混合基金"的基金投资类型为混合型，也就是说，该基金的投资标的包括了股票、债券等标的，属于中高风险的基金品种。投资者若不能承受中度以上的投资风险，还是不要投资这类基金。

在基金市场上，风险与收益总是对等的。投资者买入高收益的品种，必然要承担高风险；若不能承担高风险，就只能接受相对较低的收益水平。

2. 基金规模

基金规模是指该基金能够运营的各类资产的净值。基金规模大小反映了市场上投资者对基金的偏好程度。

第一，基金规模较小，说明市场上投资者并不认可该基金。同时，若基金规模小于 5000 万元，则有被清盘的可能，投资者应该远离这类基金。

第二，基金规模较大，说明市场上投资者十分认可该基金，例如某货币基金的资金规模一度超过 1 万亿元，可见市场对其的推崇程度。

第三，基金规模持续增加，一方面说明基金运营业绩较好，另一方面也说明有越来越多的投资者购入该基金。这类基金往往属于市场上的明星基金。

第四，基金规模持续萎缩，说明市场上的投资者在远离这类基金，也说明该基金的运营可能存在一些问题。

3. 基金经理

基金经理是负责决定基金投资组合和投资策略的人。每只基金都会由专门的基金经理负责经营，有的基金可能会有多于一人的基金经理。

基金经理是一只基金投资组合和投资决策的主要指定人，其个人投资眼光和投资水平对基金业绩有重要的影响。投资者在选择基金时，应重点考察一下该基金经理的背景和投资经历。

4. 管理人

基金管理人是基金产品的募集者和管理者。通常情况下，基金管理人是指该只基金所属的基金公司。如图 1-7 所示的"易方达中小盘混合基金"，其基金管理人为易方达基金公司。

5. 基金评级

基金评级是由基金评级机构收集有关信息，通过科学的定性、定量分析，依据一定的标准，对投资者投资于某一种基金后所需要承担的风险以及能够获得的回报进行预期，并根据收益和风险预期对基金进行排序。基金评级最高级别一般为五星（★★★★★）。

通常情况下，基金评级机构的评价标准包括基金收益高低、基金风险大小等。目前市场接受度较高的基金评级机构包括美国的晨星评级、标准普尔评级，国内的评级机构如招商证券评级、中信证券评级、上海证券评级、济安金信评级等。

九、上市交易、场内、场外、基金转换、转托管

1. 上市交易

上市交易是指基金合同生效后，投资者通过证券交易所会员单位以集中竞价的方式买卖基金份额的行为。也就是说，基金上市交易后，投资者就可以像交易股票一样在证券交易所交易基金了。

2. 场内

场内是指通过证券交易所内具有相应业务资格的会员单位利用交易所的交易系统办理基金份额申购、赎回和上市交易的场所。通过该等场所办理基金份额的申购、赎回，也称为场内申购、场内赎回。通俗来说，场内交易就是要投资者像交易股票一样在交易所内交易基金。

3. 场外

场外指通过证券交易所系统外的销售机构办理基金份额认购、申购和赎回的场所。通过该等场所办理基金份额的认购、申购、赎回，也称为场外认购、场外申购、场外赎回。比如，投资者在基金销售公司或者通过支付宝、腾讯理财通等渠道申购或赎回基金等，都属于场外交易基金行为。

4. 基金转换

基金转换指基金份额持有人按照本基金合同和基金管理人届时有效公告规定的条件，申请将其持有的基金管理人管理的某一基金的基金份额转换为基金管理人管理的其他基金基金份额的行为。

例如，投资者持有易方达基金公司的 A 基金，现在申请转换为易方达基金公司的 B 基金，就属于基金转换。通常情况下，这种基金转换的手续费低于正常的赎回基金再申购基金的费用。

5. 转托管

转托管指基金份额持有人在本基金的不同销售机构之间实施的变更所持基金份额销售机构的操作。

转托管需要投资者在两个基金销售机构开立账户，投资者转出的基金单位须为基金账户的可用余额，且每次只能选择一只基金的部分或全部基金单位进行转托管。投资者办理转托管时须填写基金份额。投资者转出的基金单位一经受理即被冻结。

基金转托管的费用通常高于基金转换，它包括了赎回费和申购补差费等。

第三节 基金的基本类别与品种

基金的类别比较多，下面进行一下简单的梳理。

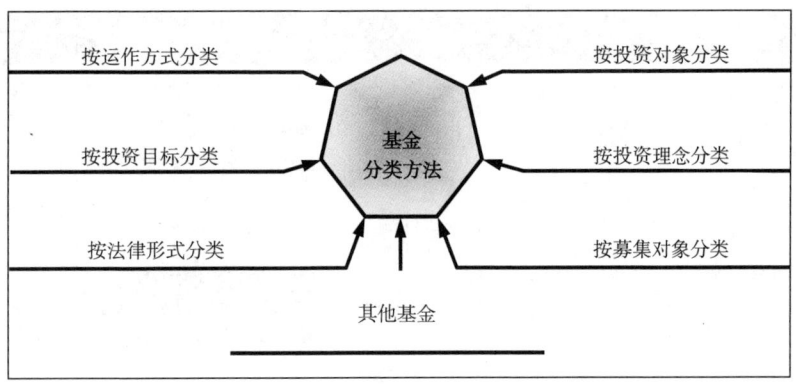

图 1-8 基金的分类

一、按运作方式分：开放式与封闭式

基金运作方式是指基金在运行和操作过程中应具有的工作方式。基金的运作方式主要分为开放式与封闭式。通俗来讲，开放式基金与封闭式基金的区别就是投资者能否通过一级市场或场外市场随时申购和赎回基金。若能随时申购与赎回，就属于开放式基金；若不能随时申购与赎回，则属于封闭式基金。

1. 开放式基金

开放式基金又称共同基金，是指基金发起人在设立基金时，基金单位或者股份总规模不固定，可视投资者的需求，随时向投资者出售基金单位或者股份，并可以应投资者的要求赎回发行在外的基金单位或者股份的一种基金运作方式。

开放式基金是目前市场上主流的基金运作方式。投资者借助基金销售机构、支付宝、腾讯理财通等移动支付工具随时可以申购或赎回的基金，都属于开放式基金。

当然，开放式基金也并不是所有的时间都开放申购与赎回。一般情况下，开放式基金在募集资金结束宣布成立后，都有一段时间的封闭期，这个封闭期相对较短，为一个月到三个月不等。封闭期结束后会立即转为开放，投资者即可进行申购与赎回操作。如图1-9所示。

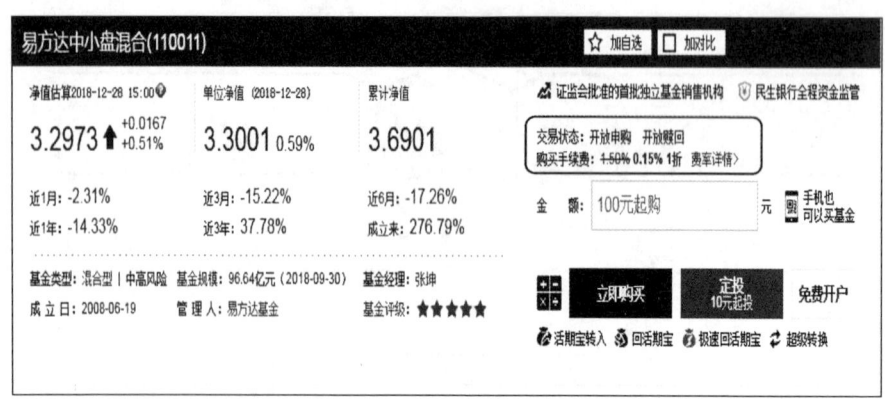

图1-9　开放中的基金

图1-9所示的"易方达中小盘混合"基金的交易状态为：开放申购、开放赎回。这说明投资者可以在交易时间内随时申购与赎回该基金，该基金就属于典型的开放式基金。

2. 封闭式基金

封闭式基金是指基金发行总额和发行期在设立时已确定，在发行完毕后的规定期限内发行总额固定不变的证券投资基金。封闭式基金的投资者在基金存续期间内不能向发行机构赎回基金份额，基金份额的变现必须通过证券交易场所上市交易获得。基金单位的流通采取在证券交易所上市的办法，投资者日后买卖基金单位，都必须通过证券经纪商在二级市场上进行竞价交易。投资者若需要交易封闭式基金，需要像交易股票一样在证券公司开户，通过二级市场交易基金。封闭式基金的交易价格一般不会与基金净值相同，因其在二级市场交易，必然会受到供求因素影响而出现一定的浮动。如图1-10所示。

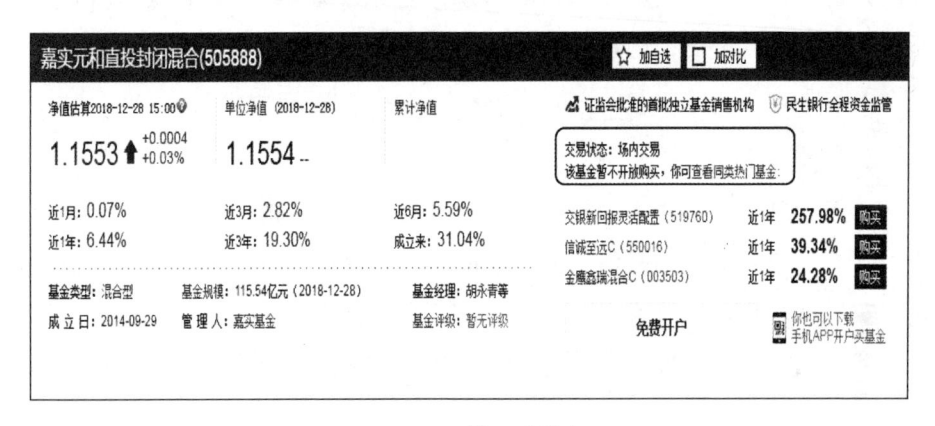

图 1-10 封闭式基金

图1-10所示的"嘉实元和直投封闭混合"基金的交易状态为：场内交易。这说明投资者没法通过基金销售机构申购或赎回基金，只能在二级市场像买卖股票一样交易基金。该基金就属于典型的封闭式基金。

二、按投资对象分：股票型、债券型、货币型、混合型、FOF基金

基金的投资对象在基金审批前就已经确定。通常情况下，基金合同会约定投资对象的范围以及各类投资标的所占基金总额的比例。

1. 股票型基金

股票型基金,是指投资于股票市场的基金。按照最新的基金仓位管理规定,股票型基金所持股票的总仓位必须达到基金资产的80%。也就是说,股票型基金必须将所募集的资金中的80%用于股票投资。

2. 债券型基金

债券型基金,是指主要投资于国债、金融债的基金。相对于股票型基金,债券型基金的收益比较稳定,收益也相对较低,又称为"固定收益基金"。

有些债券型基金也可投资于股票,因此,根据投资股票比例的不同,可将债券型基金分为纯债基金和偏债基金。也就是说,纯债基金是将所有募集资金投资于债券市场,偏债基金则是将大部分资金投资于债券,小部分资金投资于股票。

3. 货币型基金

货币型基金,是指主要投资于短期货币工具(一般一年以内,平均周期为120天)的基金,如国债、央行票据、商业票据、银行定期存单、政府短期债券、企业债券(信用等级较高)、同业存款等。

货币型基金流动性高,安全性好,收益比较稳定,当然,收益也比较低。

4. 混合型基金

混合型基金是指在投资组合中既有成长型股票、收益型股票,又有债券等固定收益投资的基金。相对于单纯的股票型基金或债券型基金,混合型基金的投资方向更为多元,资产配置也会兼顾收益与资金安全。混合型基金解决了投资者在购买基金时需要同时购买股票型基金和债券型基金才能保障资金安全、兼顾收益的问题。

当然,相对于股票型基金,混合型基金在牛市时收益相对偏低,但其安全性更好,属于中度风险的理财产品。

5. 基金中的基金(FOF)

FOF基金是一种以基金为投资标的的基金。这类基金通过筛选市场上的基金，选择合适的投资标的进行投资。

FOF 基金专门投资于各类基金，并间接投资于各类股票、债券、货币工具等。相对于其他基金，FOF 基金的投资相对复杂，在牛市时收益要低于股票型基金，但其安全性相对较好。如图 1-11 所示。

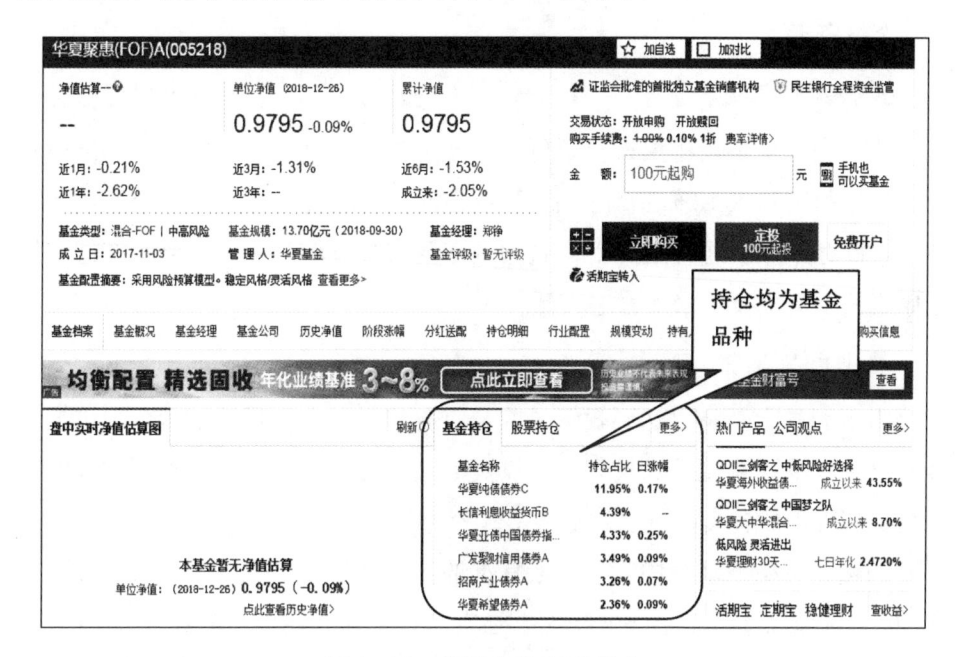

图 1-11　华夏聚惠 FOF 基金

图 1-11 为华夏聚惠 FOF 基金的持仓情况。从图中可以看出，该基金的持仓均为各类基金品种，由此可见，该基金是一种专门投资于各类基金的基金。

三、按投资目标分：成长型、收入型、平衡型

收益与风险总是对等的。追求不同的投资收益，必然会带来不同的投资风险。按照基金投资目标的不同，可以将基金大致划分为成长型基金、收入型基金和平衡型基金。

1. 成长型基金

成长型基金是指以追求资金长期成长为目标的基金。该基金一般投资于成长性较佳、信誉较好的上市公司的股票。成长型基金的收益情况受股市

波动影响较大,当股市处于牛市时,成长型基金的收益也会随之大幅上升;反之,当股市处于熊市时,成长型基金的收益则会大幅下跌,甚至出现亏损的情况。

通常情况下,成长型基金比较适合那些风险承受能力较强,追求高收益的基金投资者。

2. 收入型基金

收入型基金是指主要投资于可带来现金收入的有价证券的基金。该类基金以追求稳定收入为核心目标,其投资方向多为绩优股、国债、企业债、可转让大额存单等。通常情况下,收入型基金的收益较为稳定,风险较低,但相比成长型基金收益水平普遍较低。

3. 平衡型基金

平衡型基金是指以达到投资风险与收益相对平衡为目标的基金。该类基金的投资范围既涵盖了成长型基金投资范围中的普通股,又包含了收入型基金投资范围中的各类债券、绩优股等投资标的。

当然,平衡型基金中除了一般标准的平衡型资产配置(即普通股投资占比50%,债券类投资占比50%)外,还有一些基金会在资产配置时有所侧重。例如,有普通股投资占比达到60%,甚至更高的偏股型平衡型基金,也有债券类投资占比更高的偏债型平衡型基金。如图1-12所示。

投资者如要查看基金的资产配置情况,可以在基金网站或炒股软件中该基金页面点击"资产配置"菜单。图1-12为博时平衡配置基金的资产配置图,从图中可以看出,该基金的投资范围包括股票和债券,但投资股票所占比例要高于债券,这说明该基金属于偏股型平衡型基金。也就是说,该基金的收益情况受股市波动影响较大。

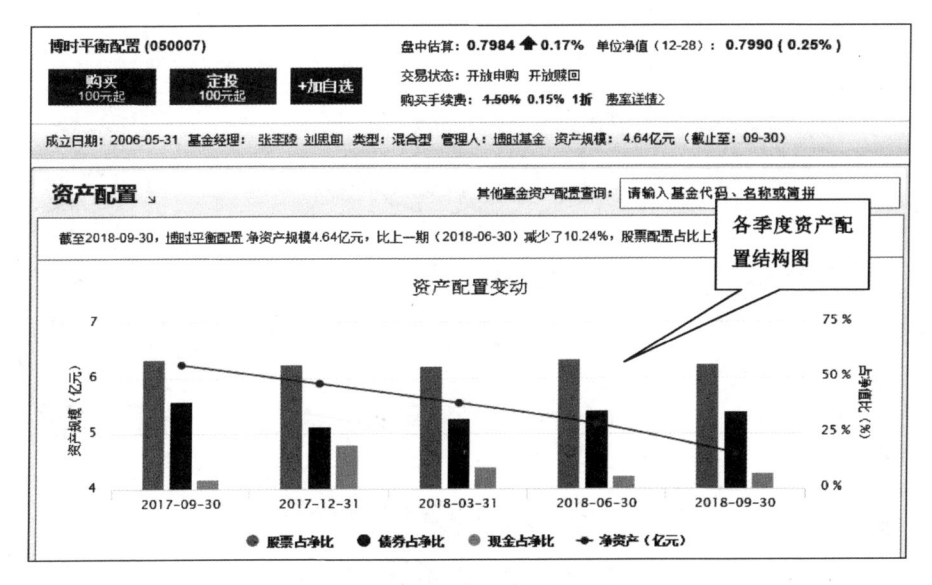

图 1-12　博时平衡配置基金

四、按投资理念分：主动型与被动型（ETF 基金）

对于基金管理人来说，市场平均的业绩表现是衡量其投资水平的重要标尺。也正因为如此，市场上的基金品种也可以大致分为两类：一类是以追求平均业绩表现为目标的被动型基金，一类是以追求超过平均业绩表现为目标的主动型基金。

1. 主动型基金

主动型基金是指基金管理人希望通过更加合理的投资规划与配置，达到超越平均业绩基准的投资收益水平的基金。也就是说，主动型基金的基金经理会根据核准的基金投资范围，结合个人投资理念规划配置各类证券资产，以实现投资收益的最大化。

主动型基金的收益与基金经理的操作水平密不可分，投资者在选择主动型基金时，需要重点考虑基金管理公司、基金经理的历史业绩，以判断其能否实现超越平均业绩基准的承诺。

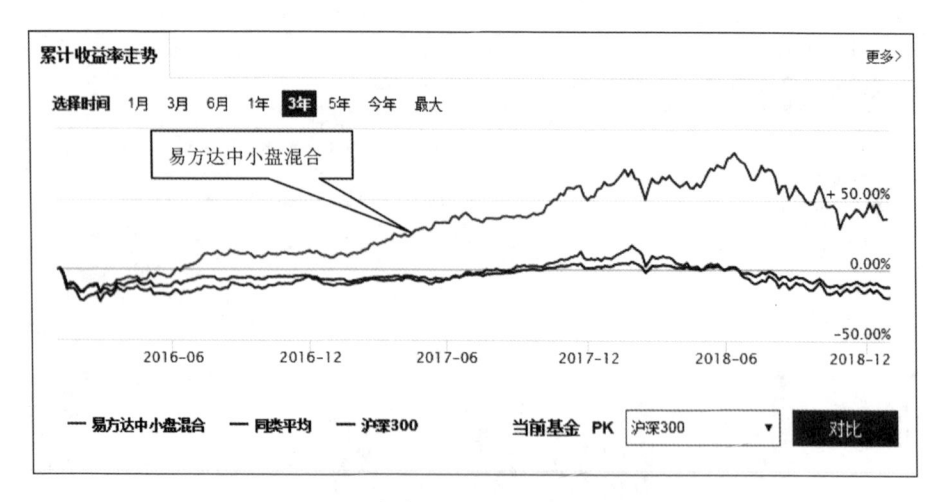

图 1-13　易方达中小盘混合基金收益走势图

　　图 1-13 所示为易方达中小盘混合基金的收益走势与同类基金平均走势、沪深 300 指数走势对比图。易方达中小盘混合基金以超越平均市场表现为目标，属于典型的主动型基金。从该基金的历史收益走势图上可以看出，该基金的收益走势与同类基金平均走势、沪深 300 指数走势大致相同，但该基金的收益水平明显高于同类基金平均水平，说明该基金的运营水平较高，属于绩优品种。

　　2. 被动型基金

　　被动型基金又称为指数型基金，一般选取特定的指数成份股作为投资对象，不主动寻求超越市场的表现，而是试图复制指数的表现。也就是说，被动型基金并不会像主动型基金一样为了更高的收益而去配置资产，而是按照某一指数构成及权重来配置资产。

　　在指数型基金中，有一类基金可以上市自由交易，即开放型指数基金，也就是 ETF 基金。总体来说，指数型基金的走势基本与所复制指数的走势一致。

　　图 1-14 所示为南方中证 500ETF 基金的收益走势与同类基金平均走势、中证 500 指数走势对比图。南方中证 500ETF 基金以复制中证 500 指数走势为目标，属于典型的被动型基金。

从该基金的历史收益走势图上可以看出，该基金的收益走势与中证500指数走势基本相同，但在熊市期间，该基金的收益水平略低于同类平均水平。

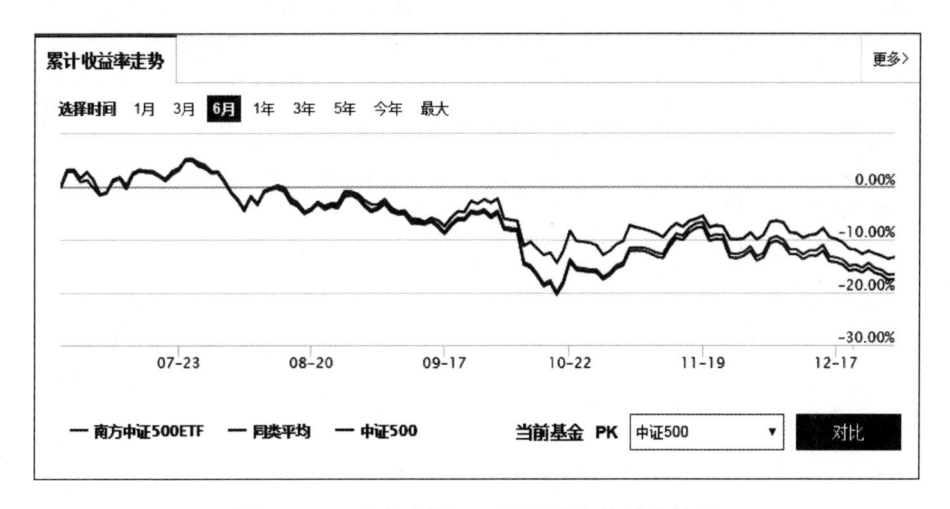

图 1-14　南方中证 500ETF 基金收益走势图

五、按法律形式分：契约型与公司型

基金都是按照某种法律关系建立的，因法律地位的不同，可以将基金分为契约型基金和公司型基金两种。

1. 契约型基金

契约型基金是指基于一定的契约原理组织起来的基金。契约型基金由基金投资者、基金管理人、基金托管人之间签署的基金合同而设立。基金投资者的权利主要体现在基金合同条款上，而基金合同条款的主要方面通常由基金法律所规范。换句话说，基金合同就是维系整个基金运作的核心契约。投资者按照合同约定向基金管理人支付基金管理费等各项费用；基金管理人按照基金合同的约定进行投资活动，并将投资收益按约定分配给投资者；基金托管人则按照合同约定履行资产保管责任。

目前，契约型基金是世界上大多数国家主要的基金构成形式。在我国基金市场上，投资者所交易的基金全部属于契约型基金。

基金全称	景顺长城鼎益混合型证券投资基金(LOF)	基金简称	景顺长城鼎益混合(LOF)
基金代码	162605（主代码）	基金类型	混合型
发行日期	2005年01月20日	成立日期/规模	2005年03月16日 / 4.456亿份
资产规模	31.63亿元（截止至：2018年09月30日）	份额规模	25.6163亿份（截止至：2018年09月30日）
基金管理人	景顺长城基金	基金托管人	中国银行
基金经理人	刘彦春	成立来分红	每份累计2.73元（7次）
管理费率	1.50%（每年）	托管费率	0.25%（每年）
销售服务费率	---（每年）	最高认购费率	1.00%（前端）
最高申购费率	~~1.50%（前端）~~ 天天基金优惠费率：0.15%（前端）	最高赎回费率	1.50%（前端）
业绩比较基准	沪深300指数*80%+银行同业存款利率*20%	跟踪标的	该基金无跟踪标的

基金管理费和托管费直接从基金产品中扣除，具体计算方法及费率结构请参见基金《招募说明书》

图 1-15　景顺长城鼎益混合型证券投资基金

图 1-15 所示为景顺长城鼎益混合型证券投资基金的基本信息。从图中可以看出，该基金的管理人为景顺长城基金公司，托管人为中国银行。也就是说，该基金是由基金投资者、景顺长城基金公司和中国银行三者签署基金合同而成立的。景顺长城基金公司作为一家基金公司，可以与不同的托管人和基金投资者成立多只基金，每只基金都会有一份基金合同。也就是说，每只基金都是独立的契约型基金。

2. 公司型基金

公司型基金，本质上是一家公司。该公司是投资者为了共同的投资目标而组成的以盈利为目的的股份制投资公司。公司型基金通过发行股票筹集资金，是具有法人资格的经济组织。

公司型基金与契约型基金存在明显的区别。一家投资公司或者说一家基金公司就是一个公司型基金，而一家基金公司旗下则可以有若干只契约型基金。公司型基金是按照公司法组织的，契约型基金则是根据一纸契约组建的。

目前，美国的基金多以公司型基金为主。例如我们常说的股神巴菲特经营的伯克希尔·哈撒韦公司，就是一家典型的公司型基金。该公司广泛地投资于各行各业，投资者以购买该公司股票的方式获得相应的权益和红利。

六、按募集对象分：公募基金、私募基金

1. 公募基金

公募基金是指以公开方式向社会公众投资者募集资金并以证券为投资对象的证券投资基金。我们日常生活中常见的基金多数都属于公募基金。公募基金都是经过证监会批准的，且是在法律的严格监管下运行的，投资者能够及时获得基金运营的信息。这类基金运行比较规范，投资者的资金安全也比较有保障。如无特殊说明，本书所提及的基金均指公募基金。

2. 私募基金

私募基金是与公募基金相对的概念，私募基金是指私下或直接向特定群体募集资金的基金。与公募基金不同，私募基金不接受大众投资，只接受特定群体的投资。在我国，私募基金也是要受到政府严格监管的，不过，相对于公募基金，私募基金的投资领域比较广泛，比如房地产业、创投领域等风险较大的领域都可以投资。

私募基金比公募基金的收益高，风险也更大。不过，私募基金的服务更加周到，当然，收取的服务费用、管理费用也较高。

3. 阳光私募基金

阳光私募基金是借助信托公司发行的，经过监管机构备案，资金实现银行第三方托管，有定期业绩报告的投资于股票市场的基金。阳光私募基金与一般私募证券基金的区别主要在于规范化、透明化。换句话说，阳光私募基金是一种按照与公募基金相似的方式运行的私募基金。

不过，阳光私募基金毕竟是一种私募基金，它也是向特定少数合格投资者发售的一种基金。例如，有的阳光私募基金要求投资者最低投资额度为100万元，有的影响力较大的阳光私募基金的投资门槛高达三四百万元。

七、其他基金：保本基金、分级基金、QDII 基金、DFII 基金

1. 保本基金

保本基金是指在一定时间内（通常 3 年到 5 年），对投资者所持有的资

本金提供100%或更高的保证金。也就是说，投资者购入的基金保证不会亏损，到期后获得的资金肯定高于投入的金额。当然，这种基本没有风险的基金，收益相应也会较低。通常情况下，基金公司需要更长时间的运作，只有时间够长，基金公司才能购入收益更高的金融工具。

基金公司拿到投资者的资金后，会将其中的大部分用于购买稳定性较高的固定收益证券产品，如国债、金融债等，之后再将其余的资金购入风险和收益都较高的股票等证券产品。这样运用资金，若股市处于牛市期间，投资者的收益会相对较高。即使股市处于熊市，投资者也不会出现亏损的情况。

在实际操作过程中，由于很多保本基金出现了亏损无法赔付的现象，2017年2月，监管层要求市场上的保本基金到期后清盘或转型。也就是说，保本基金在到期后将彻底退出市场。

2. 分级基金

分级基金又称结构型基金，是指在一个投资组合下，通过对基金收益或净资产的分解，形成两级（或多级）风险收益表现有一定差异化基金份额的基金品种。

例如某基金拆分出A份额和B份额。A份额和B份额作为一个整体用于投资活动，不过，持有份额A的投资者享受约定的预期收益率，持有份额B的投资者需要向持有份额A的投资者支付约定的利率，整个基金投资产生的收益剩余部分（扣除给份额A的利息后可能会出现亏损），将会被分配给持有份额B的投资者。

3. QDII基金

QDII基金是指在一国境内设立，经该国有关部门批准投资境外证券市场的股票、债券等有价证券业务的证券投资基金。QDII基金是在货币没有实现完全可自由兑换、资本项目尚未开放的情况下，有限度地允许境内投资者投资境外证券市场的一种过渡性的制度安排。例如，我国内地的投资者现在还不能直接投资于国外的证券市场，但可以借助QDII基金间接地投资于国外的股市。

4. QFII 基金

DFII（合格的境外机构投资者）基金，是指允许境外投资者把一定额度的外汇资金汇入并兑换为当地货币，通过严格监督管理的专门账户投资于当地的证券市场，包括股息及买卖价差等在内的各种资本所得，经审核后可转换为外汇汇出。

QFII 制度实际上就是对外资有限度地开放本国证券市场。例如，外资购入 A 股市场股票的主要方式就是借助 QFII 基金。

第二章

基金交易入门

投资者申购和交易基金的方式有很多，每种方式需要投资者付出的时间成本、经济成本存在一些差异，投资者需要根据自身特点选择合适的交易渠道。

第一节 从哪儿买基金最划算

目前，市面上销售基金的机构很多，但基金销售费用却存在差异。

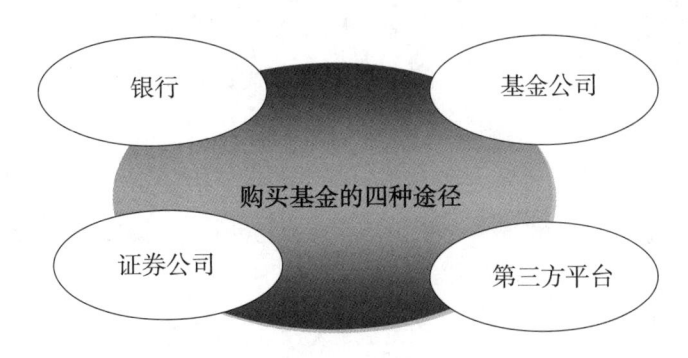

图 2-1 购买基金的四种途径

一、银行买基金

对于很多缺乏专门理财知识的投资者来说，银行是主要的购买基金产品的渠道。相对于其他渠道，在银行购买基金产品会给人一种安全、可靠的感觉。由于银行网点遍布全国，且各大银行如工商银行、农业银行、交通银行、建设银行等都具有基金销售资格，因此，银行成了基金销售的重要渠道。

1. 从银行购买基金的优势

银行能够成为基金销售最重要的渠道之一，主要因为其具有以下两点优势。

第一，银行网点众多，分布十分广泛，投资者购买基金十分便利。

第二，投资者可以直接与银行的基金销售人员对话，获得更为周到的服务。

2. 从银行购买基金的劣势

从银行购买基金具有一定的优势，但劣势也十分明显。

第一，代理的基金品种有限。通常情况下，某一家银行会与几家基金公司签约代理其基金品种。但是市场上的基金公司很多，银行能够代理的毕竟只是少数几家公司，投资者可选择的品种相对较少。

第二，银行合作的基金公司有限。银行不可能与所有的基金公司合作，如果投资者日后需要转换基金品种，交易成本将大幅上升。特别是投资者想要换成其他机构代销的基金品种，将大幅增加赎回与申购的费用。

第三，在众多基金代销机构中，银行的代销费用属于比较高的。其他代销机构一般都会给申购费用打个折扣，例如支付宝、腾讯理财通、天天基金网将申购费用下调至一折，而银行却很少出现打折的情况。尽管这笔费用并不算大，但基金本身就是一个积少成多的投资项目，投资者必须学会精打细算。

第四，信息不全面。投资者无法通过银行对整个市面上销售的基金进行对比分析。

二、基金公司买基金

从基金公司购买基金是最正常不过的途径了，毕竟基金公司本身就是销售和管理基金的。

1. 从基金公司购买基金的优势

与其他渠道相比，从基金公司购买基金具有明显的优势。

第一，投资者可以获得更为全面、完整的基金信息。基金公司掌握的基金信息是其他任何渠道都无法比拟的，由于基金公司的人员相对更为专业，也能为投资者提供更为丰富的投资知识。

第二，费用较低。基金公司往往会为基金投资者提供较为丰厚的优惠力度，投资者从基金公司购买基金可能会更省钱。

2. 从基金公司购买基金的劣势

与其他渠道相比，从基金公司购买基金同样具有明显的劣势。

第一，可购买的产品数量较少。基金公司一般都只销售自家的基金产品，即使代理其他基金公司的产品，数量也极为有限。

第二，基金公司的网点相对较少，投资者购买基金产品需要考虑交通与时间成本的问题。

第三，投资者赎回的资金需要较长时间才能到账。

三、证券公司买基金

证券公司也是投资者购买基金的一个重要渠道。投资者可以在证券公司开户，像交易股票一样交易基金。

1. 从证券公司购买基金的优势

相比其他渠道，证券公司作为有价证券交易场所，可以为投资者提供更多样的交易方式，这也是投资者在证券公司开户购买基金的优势。概括起来说，从证券公司购买基金具有如下几点优势。

第一，证券公司可以进行ETF基金、封闭式基金、分级基金等品种的交易。

第二，通过证券公司申购的基金可进行自由转换（同一基金公司产品），同一证券账户可以进行多种金融工具的交易，包括股票、债券、基金、理财产品等。

第三，交易品种丰富。证券公司可交易的基金品种极为丰富，投资者可选择的空间大。

2. 从证券公司购买基金的劣势

尽管从证券公司交易基金具有很多优势，但也存在一定的劣势。

第一，基金信息不够详细，不利于投资者研究和选择基金。投资者若从证券交易软件中购买基金，仅能获得一些常规信息，无法获知更为丰富的信息。

第二，基金赎回到账时间较长，这主要指的是场外交易。

第三，在证券公司交易基金前，投资者必须到证券公司开户，并履行相关的手续。

四、第三方销售平台买基金

随着越来越多网上基金销售平台的崛起，第三方基金销售平台已经日渐成为基金销售的主力。第三方销售平台包括支付宝、腾讯理财通、京东金融、天天基金网等众多基金销售机构。

1. 从第三方销售平台购买基金的优势

相比其他渠道，通过第三方销售平台购买基金具有以下几点优势。

第一，申购与赎回方便快捷。由于网上销售基金的普及，投资者申购与赎回基金变得更为方便，足不出户就可以进行基金交易。

第二，费用低廉。第三方平台销售基金时，为了吸引更多的投资者，往往会采取打折销售的策略，这就使投资者购买基金时可以获得更多的实惠。

第三，产品转换方便。第三方平台往往代理较多基金公司的产品，因而，投资者在平台内就可以方便地进行产品转换。

2. 从第三方销售平台购买基金的劣势

尽管从第三方平台购买基金具有很多优势，但也存在一定的劣势。

第一，投资者无法进行更为详尽的咨询。投资者若对基金存在疑虑或不解，无法进行一对一的咨询，很难获得更为详尽的信息。

第二，线下网点少，对于不善长使用网络的投资者来说，交易起来比较困难。

第三，无法进行封闭式基金、分级基金等基金的场内交易。

第二节 基金投资费用知多少

基金交易和管理费用，对于投资者来说可能并不多，但由于基金投资本身是一个积少成多的投资项目，投资者要想从基金投资中获利，就必须清楚地了解这些费用的构成和所占比例，并尽可能地压缩费用开支。基金投资费用大致由三部分构成。

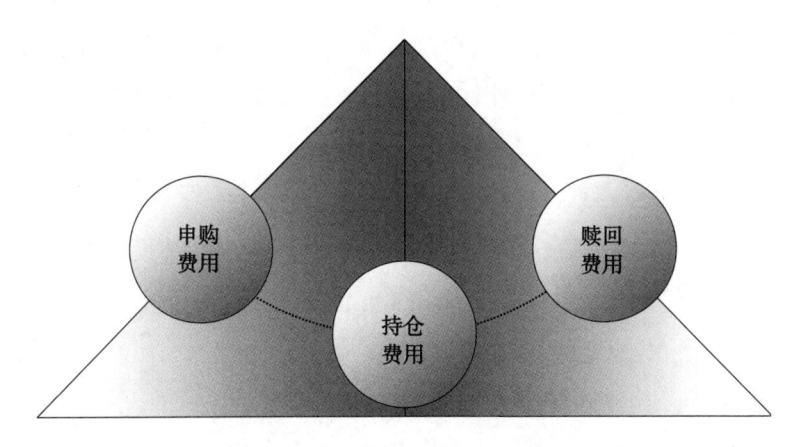

图 2-2　基金投资费用的构成

一、申购与认购费用

投资者在申购或认购新基金时，需要支付一定的费用。

1. 申购费用标准

通常情况下，不同基金、不同的基金申购渠道，申购费用也存在明显的不同。

（1）申购渠道不同，申购优惠的幅度也不同。通常情况下，投资者若从银行购买基金，优惠力度相对较小，而一些网上基金销售平台可将申购费用降低至一折的水平。

（2）申购金额不同，申购优惠的幅度也不同。很多基金公司为了吸引大资金购买基金，往往会为其设置专门的优惠。例如，申购资金超过200万元，可能会将申购费用降至0.2%，或者直接单笔申购费用为1000元等。

（3）基金种类不同，申购费率不同。通常情况下，货币型基金和债券型基金都采取免除申购费用的做法。一些股票型基金或偏股型基金，都会设置一定的申购费率，这个申购费用一般在1.5%左右，不过该费率在执行过程中也会有一定的优惠。

2. 申购费用计算方法

按照国际惯例，这个申购费用并不是根据投资者申购金额而额外需要投资者支付的，而是直接在投资者申购金额内扣除。基金申购费用扣除方法分为内扣法和外扣法两种。按照2007年证监会关于基金销售费用扣除办法的规定，目前基金销售费用统一采用外扣法计算。

（1）内扣法。

内扣法就是从申购资金中直接扣除申购费用。假如某投资者申购A基金10000元，申购费率为1.5%，基金每份1元，其申购的基金份额计算方法如下。

申购费用 = 申购金额 × 申购费率

=10000元 × 1.5%=150元

净申购金额 = 申购金额 − 申购费用

=10000元 −150元 =9850元

申购基金份额 = 净申购金额 / 基金单价

=9850元 /1元 =9850份

也就是说，按照内扣法计算，投资者申购10000元的基金，可获得的基金份额为9850份。

（2）外扣法。

外扣法就是根据净申购金额计算申购费用的计算方法。假如某投资者申购A基金10000元，申购费率为1.5%，基金每份1元，其申购的基金份额计算方法如下。

净申购金额 = 申购金额 / （1+ 申购费率）

=10000元 /1.015 ≈ 9852.2元

申购基金份额＝净申购金额／基金单价

＝9852.2元／1元＝9852.2份

对比内扣法和外扣法可以发现，同样的申购资金，用外扣法计算，投资者可获得更多的基金份额，这种计算方法无疑对投资者更有利。

3. 基金认购费

有时候，基金公司为了鼓励投资者参与认购新的基金份额，往往会在认购阶段给予一定的优惠。例如，战略配售（独角兽）基金在结束封闭期后，正常的申购费率为1.5%，而其在认购阶段的费率仅为0.6%。不过，由于基金认购期一般有一个月甚至更长的时间，投资者若提前提交认购申请，在计算认购基金份额时，会将认购期间的资金利息计算在内，所以，最后给出的基金份额可能会多于投资者计算得出的份额。

二、持仓费用

在持有基金期间，投资者也需要向基金公司和托管银行支付一定的费用，这部分费用会按日折算，从基金净值中提取，投资者平时可能感觉不到有这部分费用发生。投资者持有基金期间产生的费用，主要包括基金管理费、托管费和销售服务费。

1. 基金管理费

基金管理费本质上就是投资者支付给基金管理人员的报酬。这就如同你请了一位基金经理给自己打理资金，这个基金经理肯定要收取一定的报酬。

基金管理费用有高有低，一般情况下，股票型或偏股型基金的基金管理费用偏高，一般为1.5%左右，债券型和货币型基金的管理费用一般较低，大致在0.5%左右。

基金管理费并不需要投资者额外支付，而是在每日基金净值中扣除，并按月支付。

2. 基金托管费

基金托管费是指基金托管人为保管和处置基金资产而向基金收取的费

用。通常情况下，我们购买的基金，资金都是由银行托管的，这部分托管费用也要从基金中计提。目前大多数基金的托管费率为 0.25% 左右，个别债券型基金、货币型基金可能会有所下浮。

基金托管费和基金管理费一样，并不需要投资者额外支付，而是在每日基金净值中扣除，并按月支付。

3. 销售服务费

销售服务费是指基金管理人根据基金合同的约定及相关法律法规的规定，从开放式基金财产中计提一定比例的费用，用于支付销售机构佣金、基金营销费用以及基金份额持有人的服务费等。

目前大多数股票型基金并不收取销售服务费，而一些不收取申购费的债券型基金、货币型基金则可能会收取 0.25% 左右的销售服务费。

销售服务费与基金托管费、基金管理费一样，并不需要投资者额外支付，只是在每日基金净值中扣除，并按月支付。

三、赎回费用

基金赎回费是指在开放式基金存续期间，已持有基金份额的投资者向基金管理人卖出基金份额时支付的手续费。根据相关法规的规定，基金公司可以向持有基金不满一定时间的投资者收取一定的赎回费用。换句话说，赎回费本身就是对投资者持仓时间过短的一种惩罚性措施。

基金赎回费的计算方法如下。

基金赎回费 = 基金赎回金额 × 赎回费率

基金赎回费用与投资者持仓时间长短有一定的关系。例如，有的基金公司规定，持仓时间少于七天将收取 1.5% 的手续费；若持仓时间超过一年，则不会收取任何赎回费。

表 2-1 为大多数股票型基金的持仓天数与赎回费率对照表。一些债券型基金的要求相对较低，例如很多债券型基金直接规定，持仓 7 天以内赎回的，按 1.5% 的赎回费率执行；持仓时间超过 7 天（含 7 天）则可免除赎回费用。

一些货币型基金则不收取任何赎回费用。投资者在申购基金前，要对基金的收费规则有所了解，以免给自己的投资带来损失。

表 2-1　股票型基金持仓天数与赎回费率对照表

持有时间（天）	赎回费率
0~6	1.50%
7~29	0.75%
30~89	0.50%
90~179	0.50%
180~364	0.50%
365 及以上	0.00%

第三节　基金的认购、申购与赎回

一、基金认购及其规则

前面已经介绍了基金认购的概念，下面重点讲解一下基金认购的基本规则。

1. 时间规则

通常情况下，新基金发行前的发行公告会公示基金募集期和预计募集额度。基金募集期一般在一个月到三个月不等，预计募集资金额度是一个具有最低限额和最高限额的范围。若实际募集资金额度低于最低限额，基金将无法成立；反之，若实际募集资金额度高于最高限额，认购者将无法获得足够的认购额度，这就属于超额认购的范畴了。

当然，也不排除新基金因认购过于火爆而提前结束认购期的可能，投资者若想申购新基金，最好能早一点提出认购申请。投资者若通过网上认购基金，一般可以在任意时间提出认购申请，但基金公司或基金销售平台并不会随时确认你的认购申请，他们只在工作日期间上午 9 点之后到下午 3 点之前处理认购申请。若投资者在下午 3 点之后发出认购申请,则会在次日确认。当然,基金公司确认了投资者的认购申请,并不能保证成功认购到基金,最终还要看基金能否成立,是否存在超额认购等情况。

2. 认购限额

通常情况下,新基金开始发售前,会发布一份基金发售公告。在发售公告中会明确基金认购的一些限额规定。

第一,最低限额。所有基金在发售时,都会明确认购的最低限额。不过,投资者认购的渠道不同,最低限额可能也会有所不同。例如,有的基金规定通过网上认购最低限额为 10 元(含认购费用),那就意味着投资者不能认购少于 10 元的基金;通过基金公司直销网点认购,最低限额为 2 万元(含认购费用)。一般情况下,网上基金销售平台给出的最低限额都比较低,能够满足所有投资者的投资需求,而直销网点则更愿意为资金量大的投资者提供服务。

第二,最高限额。大部分基金在发售公告中不会规定认购的最高限额,但一些基金为了确保更多的投资者能够成功认购,会设置最高限额。例如,2018 年 6 月发行的 6 只战略配售(独角兽)基金,都设置了个人投资者的最高认购限额为 50 万元。

3. 认购不可撤销

基金认购和申购有一个规则明显不同。投资者认购某一基金后,不能撤销认购且短时间内不可赎回。基金募集期结束后还有一定时间的封闭期,只有封闭期结束后,投资者才能将认购的基金赎回。基金正常开放交易时,投资者申购成功的基金在下一交易日即可赎回。

也正因为认购阶段的限制较多,才会使得基金在认购阶段的费用相对较低。

4. 基金份额确认

基金募集期结束后,若不能募集到最低限额的投资额(一般为 2 亿元),将无法成立,此时,基金管理人将会把投资者的认购资金全额退回。退回时间一般为募集期届满 30 日内,退回金额为投资者的投资额加上同期银行存款利息。

基金募集期结束，基金募集到足够金额后，将按相关法律法规的规定履行备案手续，然后宣告基金成立。基金成立后，投资者的认购资金将转换为最终的基金份额。

由于新基金的每份面额为 1 元，所以认购的资金净额就等于认购的基金份额。例如，2018 年 6 月投资者申购战略配售基金 1 万元，该基金的认购费率为 0.6%，每份净值为 1 元。投资者按照之前申购费用计算方法中的外扣法计算，则可得出如下结果。

净申购金额 =申购金额 /（1+ 认购费率）

=10000 元 /1.006 ≈ 9940.36 元

由于新基金每份净值为 1 元，按照上述计算方法可知，投入 1 万元可获得大约 9940.36 份基金。投资者实际获得的份额可能会多于 9940.36 份，这主要是由于投资者提交的认购资金在基金份额确认前产生了一定的利息。也就是说，认购阶段的净申购金额应该按照如下算法进行计算。

认购的资金净额 =（有效认购金额 + 银行利息）/（1+ 认购费率）

二、基金申购及其规则

投资者申购基金时，需要遵守如下规则。

1. 时间规则

每个基金都由基金管理人负责运作。投资者提出申购请求时，基金管理人不可能随时将投资者申购的资金对外投资，因而只在每个交易日下午 3 点时，对该交易日提出申购或赎回请求进行汇总，并按照当日基金净值核定基金份额或资金金额。

以提交基金申购日（下午 3 点之前）为 T 日，那么，在 T+1 日，投资者申购的资金将被确认份额并计算收益，T+2 日投资者可以借助网站或手机查看到账户信息。不过，若投资者是在 T 日下午 3 点之后提交的申购请求，将在 T+1 日确认申请。周末和法定节假日为非交易时间，投资者提交的申购请求将在下一个交易日处理。

例如，某投资者在星期一下午 3 点之前提交申购请求，将从星期二开始计算收益，星期三收益到账。投资者在星期一下午 3 点之后提交申购请求，那么这笔申购资金将在星期二进行汇总，从星期三开始计算收益，星期四收益到账。

2. 申购限额

目前，各大基金公司为了鼓励更多的投资者购买基金，已经将基金投资门槛降低了很多。特别是一些货币型基金和债券型基金，最低申购额度已经下降至 1 元。不过，很多股票型基金的申购最低限额依然为 100 元。

三、基金赎回及其规则

基金赎回的规则与申购规则相似，包括以下几点。

1. 时间规则

基金赎回一般执行 T 日申请，T+1 日资金到账的规则。

以提交基金赎回请求日（下午 3 点之前）为 T 日，那么，在 T+1 日，投资者赎回基金的款项将会到账。若投资者在 T 日下午 3 点之后提交赎回请求，将在 T+1 日执行赎回，T+2 日赎回的资金到账。周末和法定节假日为非交易时间，投资者提交的赎回请求将在下一个交易日处理。

2. 先进先出规则

对于很多股票型基金来说，不同的持仓天数意味着不同的赎回费率。投资者若是在不同时间分批次申购基金，在赎回基金时，系统将会默认执行先进先出规则，即赎回时，先从申购的第一批基金开始进行赎回操作，并按照第一批基金的赎回费率执行；若赎回量超过第一批基金的申购量，将会自动开始第二批基金的赎回操作，并开始执行第二批基金的赎回费率。

例如，某投资者在 2018 年 1 月 10 日申购了 10000 份 A 基金，2 月 10 日再次申购了 10000 份 A 基金。2 月 15 日，该投资者申请赎回全部的 20000 份 A 基金。该基金持仓不满 7 天的赎回费率为 1.5%，持仓一个月以上不满三个月的赎回费率为 0.5%。则该投资者的 20000 份基金中，前 10000 份将按照 0.5% 的赎回费率执行，另外 10000 份按照 1.5% 的赎回费率执行。

第四节 交易所交易基金的操作步骤

证券交易所不仅可以交易股票，还可以交易基金，特别是一些封闭式基金、ETF 基金等。证券交易所可供交易的基金既有场内基金，也有场外基金。投资者如果只想进行场外基金交易，可以直接到证券营业部开立基金账户；若想进行场内交易，则需要像炒股一样到证券营业部开通证券账户。

一、开立一个证券账户

按照相关规定，个人交易开放式基金，可以通过各类销售平台完成申购与赎回操作，但在场内交易封闭式基金、ETF 基金，则必须通过中介也就是券商来完成，这就要求投资者先完成证券账户开户操作。

对于很多新手来说，开户手续显得比较繁杂，涉及券商、银行等。不过，只要你进了券商营业部，告诉他们你要开户，就会有人指导你完成相关的业务流程。

整个开户过程大致包括这样几个环节，如图 2-4 所示。

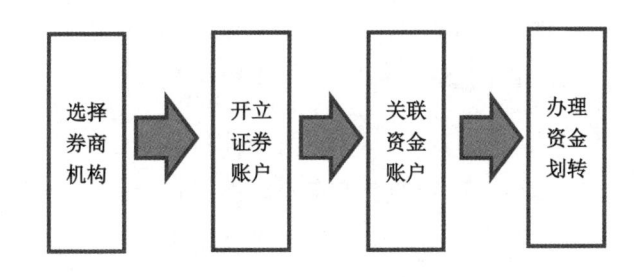

选择券商机构 → 开立证券账户 → 关联资金账户 → 办理资金划转

图 2-4　证券开户基本流程

1. 选择券商机构

目前，投资者可供选择的券商机构有几十家，虽说券商实力有差别，但是提供基本的交易服务都是没有问题的。投资者在选择券商时，应重点考虑以下几个方面。

（1）交易成本。

交易成本是选择券商的一个非常重要的依据。尽管国家对券商的交易佣金有相应的规定，即划定了一定的浮动范围，但是各家券商还是会有所区别。作为投资者，千万不能忽视佣金的比例，如果你交易得很频繁的话，这些佣金可能会蚕食你相当大的一部分利润。与股票交易相似，基金交易过程中，除了交给券商的佣金费用之外，还包括印花税、过户费、交易费等几种费用。当然，后面几种费用相对佣金来说都比较低，而且各家券商基本相同，所以在选择券商时可以忽略。

（2）服务水平。

券商的服务水平尤其是硬件水平，也是重要的选择依据。每家券商都有自己的交易系统，投资者也都会下载该券商的交易软件，但软件的速度还是有细微差别的。尤其是某些繁忙时段，一秒钟的差别都可能让自己的买入或卖出价格相差很多。例如，在2015年3月的大牛市期间，个别券商就曾出现过交易系统瘫痪的问题。

（3）便利程度。

尽管现在多数投资者都借助网络进行基金交易，但券商的营业部有时还是需要去的，如更新一些证件信息、签订某些协议等。因此，券商营业部的位置以及交通状况，也是选择券商的一个参考因素。

2. 开立证券账户

投资者选定券商后，可带着个人身份证件到较近的券商营业部办理开户手续。通常情况下，营业部会提供一份表格以及若干份协议，由投资者逐项填写。完成各项手续后，营业部会提供给投资者两张股东卡，一张是上海证券交易所股东卡，另一张是深圳证券交易所股东卡。开户填表过程中，有可能需要选择开通的业务，投资者可将股票、基金等业务一并选择。

按照前些年的规定，开通股票账户是要收费的，具体标准为深市50元，沪市40元。近年来，券商为了吸引投资者开户，已经将该费用免除。

3. 开立资金账户

证券账户开立完毕后，投资者需要选择一家银行作为资金托管行，将证券账户与银行资金账户关联，并与券商签订一份三方协议。如果投资者已经有银行卡或存折，可以直接在证券营业部签订三方协议，之后送到银行盖章确认，再将其中一份协议送回证券营业部即可。如果投资者没有银行卡或存折，可以就近选择银行开户。

4. 划转资金

投资者准备交易基金时，可通过炒股软件中的"银证转账"功能，将银行账户的资金转移至证券账户，然后进行基金交易活动。

二、交易软件的下载、安装与交易

投资者可从券商网站下载炒股软件用于基金交易操作。一般情况下，投资者完成开户后，券商都会提供一个下载地址，让投资者下载交易软件。投资者也可以通过网络搜索券商的官网，进入"软件下载"界面，完成交易软件的下载。下面以中信建投证券为例进行说明。

1. 炒股软件下载

进入中信建投官网后，点击"软件下载"按钮，就会出现如图2-5所示的界面。

图2-5 炒股软件下载界面

选好要下载的软件后，点击"下载"按钮即可。

下载炒股软件时，需要注意以下两点。

第一，软件类型。券商提供的炒股软件包括两种：其一，单纯的交易软件，即只提供买卖股票和简单的股票走势信息的软件；其二，"交易+行情"软件，这类软件融合了网上行情信息、股票走势分析以及网上交易等功能。投资者在选择下载软件时，可以参考一下软件的功能介绍，然后再做出选择。

第二，软件的品牌。目前，券商与各家交易软件公司合作都非常密切。投资者进入下载界面后会发现，券商提供的炒股软件中，既有通达信版的，又有同花顺或大智慧版的。这几类软件是不同的软件公司研发出来的，其基本功能大致相同，都能够满足投资者日常交易与股票走势分析的需求。当然，在一些具体的功能上，也存在某些不同，或者说各家软件都有自己的特色。

2. 炒股软件安装

下载成功后，可用鼠标双击软件程序图标，然后根据指示一步一步完成安装操作。

3. 第一次交易

炒股软件安装好后，点击该软件的图标，就进入了"登录"界面，如图2-6所示。

图2-6 中信建投登录界面

资金账号是在证券营业部开户时分配给你的,交易密码则是你自行设置的。如果你是通过网络或手机开户的,那么,证券公司会以短信的形式将资金账号发送给你。

输入账号和密码、验证码之后,就进入了交易界面。交易软件左侧菜单栏中有一项"银证转账",如图 2-7 所示。

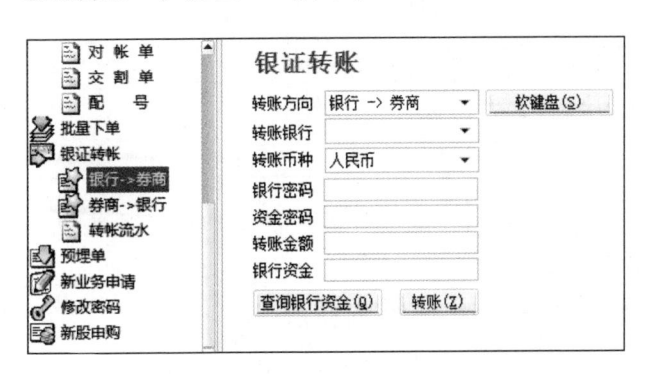

图 2-7 证券交易界面

如果想从银行将钱转入股票资金账户,点击"银证转账"中的"银行→券商",然后在右侧可以看见一个"银证转账"的对话框。此时只需输入银行密码、资金密码和转账金额即可。同样,如果想把证券账户的资金转出,也可点击"银证转账"中的"券商→银行"完成。

在炒股软件中选择【基金】选项卡,在【申购】对话框中输入基金代码和申购金额等,如图 2-8 所示。不过,在这一对话框中,投资者只能交易已经上市的封闭式基金、ETF 基金等可进行场内交易的基金,不能交易开放式基金。

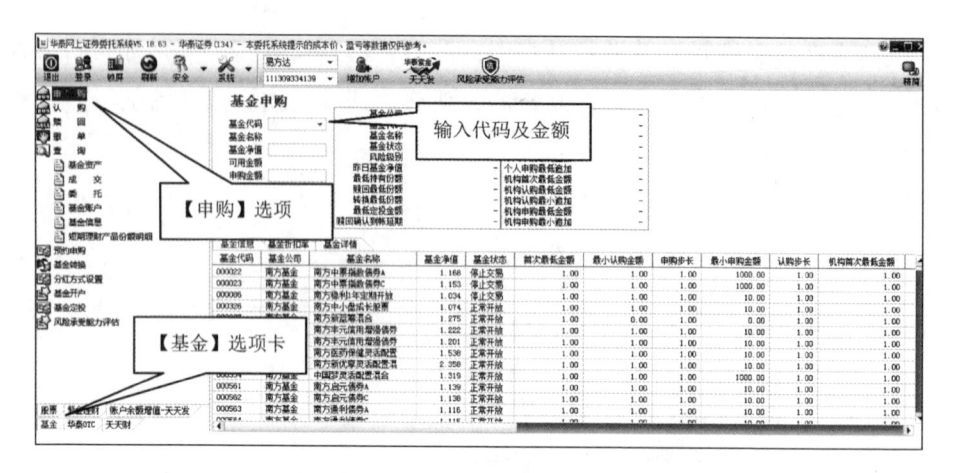

图 2-8 基金申购界面

三、已有股票账户开通基金账户

通常情况下，投资者要想利用股票账户申购或赎回开放式基金并进行场外基金交易，需要到营业部开立基金账户。不过，现在有一些券商开通了网上开户服务，投资者可直接利用已有的股票账户开通基金账户。下面以华泰证券为例进行说明。

打开华泰证券交易软件后，在页面下方选择【基金】页面并点击【基金开户】，如图 2-9 所示。

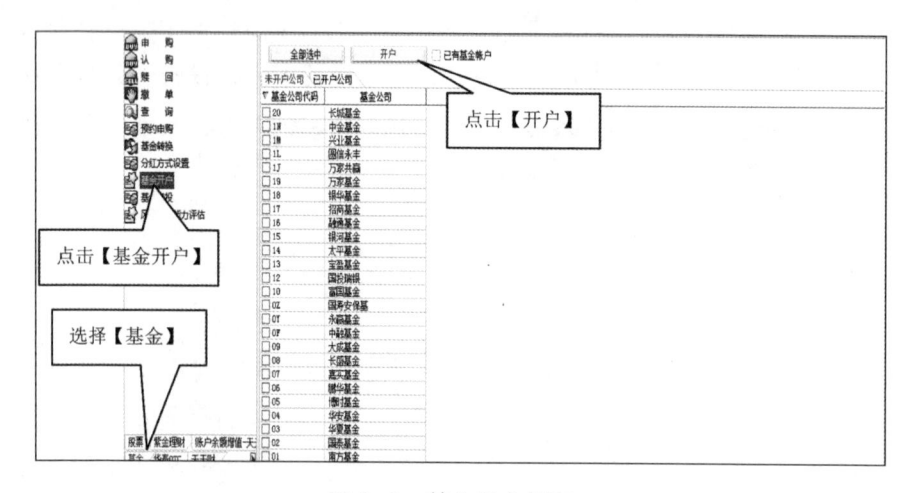

图 2-9 基金开户界面

在图 2-9 中，投资者可从右侧的页面中查看可开户的基金公司。选择一家基金公司并点击【开户】按钮，即完成基金开户。

这里需要注意一点，投资者一次只能选择一家基金公司开户。投资者可先确认需要申购的基金属于哪家基金公司管理，再到这个页面选择拟开户的基金公司。

第三章

四维定位选好基金

基金投资的关键在于选对基金产品。无论市场行情如何，总有基金产品是盈利的，区别在于股市处于牛市时，偏股型基金收益较为丰厚，股市处于熊市时，一些债券型基金、货币型基金则会呈现出收益稳定的特征。当然，选基金并不是牛市选择偏股型基金，熊市选择债券型基金、货币型基金那么简单，因为即使是同一类型的基金，在相同的市况下，收益也会有较大的差异。

第一节 选基金要先选定产品

凡事预则立，不预则废。投资者在选择基金时，要重点从基金产品本身、基金公司、基金经理以及外围趋势入手，才能选到真正的"好基金"，如图3-1所示。

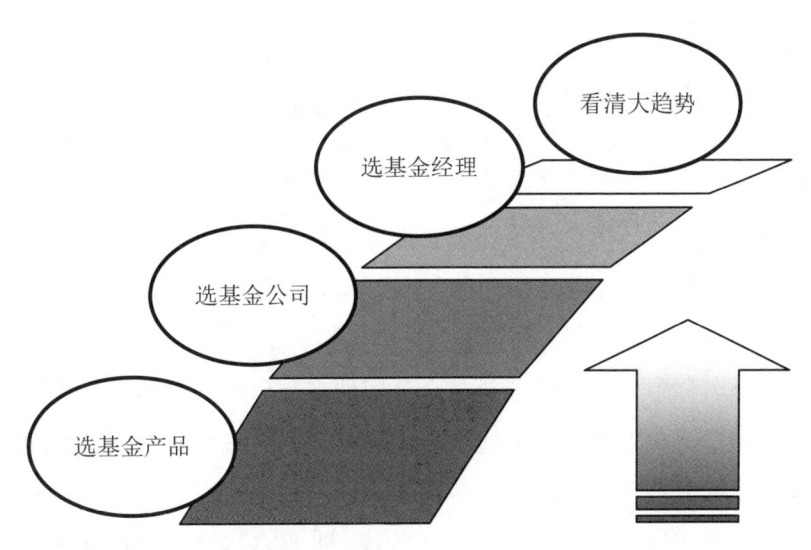

图 3-1　四维定位选好基金

投资基金，第一件事就是要选到合适的基金产品。不同的投资者，对基金产品的需求肯定有所不同，这就需要从多方面评估基金产品，确定自己理想的投资标的，如图3-2所示。

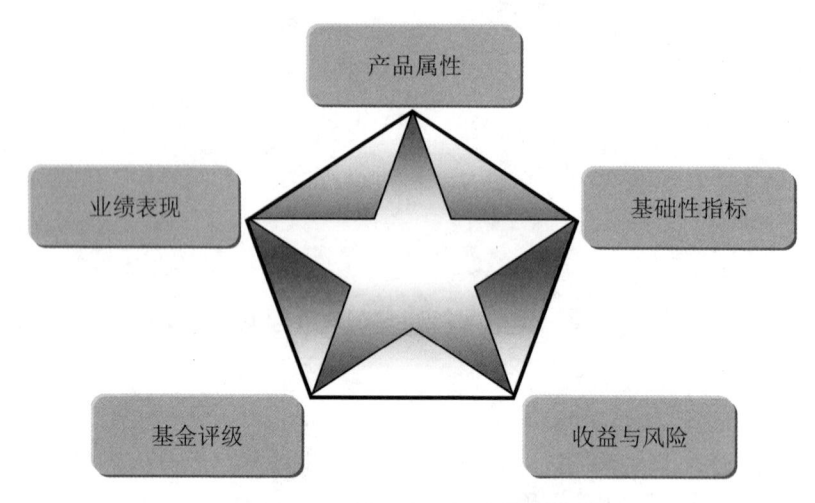

图 3-2 基金产品评价的维度

一、从基金名称看产品属性

通常情况下，一只基金的名称中会包含该基金的主要投资偏好和基金属性。大部分基金名称由三部分构成：基金公司名称＋基金投资偏好或目标＋基金属性。

在这三部分中，第一部分和第三部分是核心部分，第二部分的重要性相对较低，有些基金名称可能并不含有第二部分内容。

第一部分：基金公司名称。

在基金名称中，第一部分是基金公司的名称。从基金的命名规则中也可以看出基金公司对于一只基金的重要性。以"汇添富蓝筹稳健灵活配置混合型证券投资基金"为例，该基金名称中，前三个字"汇添富"就是发行这只基金的基金公司。也就是说，这只基金属于汇添富基金公司发行和管理的众多基金中的一只。同理，大家在选择基金时，还可能看到诸如华夏、易方达、南方、建信、嘉实等字样，这都是基金公司的名称。

第二部分：基金投资偏好或目标。

在基金名称中，第二部分的重要性相对较低，它可能仅仅是基金投资的一个目标或愿望，也可能是基金投资的方向或范畴等。例如"汇添富蓝筹稳健灵活配置混合型证券投资基金",在这个基金名称中,第二部分是"蓝筹稳健灵活配置",该信息仅能说明基金投资标的偏向于蓝筹,但"灵活配置"又说明该基金的投资方向并不唯一。第二部分词汇的指向性往往并不明确,很多基金名称中经常使用诸如"鼎益""全球视野""全球配置""核心优势"等词语。

也有一些基金名称中,第二部分是用于限定基金属性的,如"工银瑞信高端制造行业股票型证券投资基金"。该基金名称中第二部分为"高端制造行业",这就为其后的"股票型"提供了一个限定用语,也就是说,该基金主要投资于高端制造行业的股票。

当然,有些基金名称中并不含有第二部分内容。基金名称中只包含第一部分和第三部分内容。

第三部分:基金属性。

基金属性是基金名称中最核心、最关键的内容。基金属性直接标明了基金投资标的所属的范畴,如股票、债券、货币、混合、LOF 等。比如"工银瑞信高端制造行业股票型证券投资基金",该基金名称就表明了这只基金主要的投资方向为股票。"汇添富蓝筹稳健灵活配置混合型证券投资基金",则说明该基金可以在股票、债券等可投资标的中混合配置。再比如余额宝接入的华安日日鑫货币 A,则说明该基金属于货币型基金,只能投资于各类货币金融工具。

二、基金名称中的 A、B、C

在基金产品的名称中,除了前面介绍的三部分外,有些还加入了一个字母,一般为 A、B、C。这三个字母在不同的基金类别中代表了不同的含义,投资者在选择基金时需要特别注意。

1. 货币型基金

有些货币基金名称中会加入 A 或 B 以作区分。当然,并不是所有的货币基金都有字母标示,投资者想要购买带有这种标示的基金,则需清楚这些字母的含义。

A 类货币基金和 B 类货币基金是基金公司为投资额度不同的客户分别设计的货币基金产品。通常情况下，A 类货币基金的最低申购额度较低，适合普通投资者，但销售费用方面可能略高；B 类货币基金的最低申购额度较高，适合大额度的投资者，销售费用方面有所优惠。下面来看一下博时合惠货币基金 A 和博时合惠货币基金 B 的各项费用对比情况，如表 3-1 所示。

表 3-1　博时合惠货币基金 A 和博时合惠货币基金 B 费用对比表

项目	博时合惠货币 A	博时合惠货币 B
申购限额	10 元	5 万元
申购与赎回费用	0	0
管理费	0.15%（每年）	0.15%（每年）
托管费	0.05%（每年）	0.05%（每年）
销售服务费	0.25%（每年）	0.01%（每年）

（注：销售机构不同，申购限额和销售服务费用可能有所不同）

通过表 3-1 可以看出，博时合惠货币基金 A 和博时合惠货币基金 B 在申购限额和销售服务费用方面存在差异，这也说明基金销售机构为了吸引大客户，往往会在费用方面给予一定的优惠。

2. 股票型基金、混合型基金与债券型基金

股票型基金、混合型基金与债券型基金的名称后面有时候也会加上 A、B、C 作为区分。当然，有些基金并不是 A 类、B 类、C 类全部都有，可能只有 A 类基金和 C 类基金。相同名称下的不同类基金，往往意味着不同的交易费用。

一般情况下，A 类基金属于"前端付费模式"基金，即申购费用在申购时扣除；B 类基金通常属于"后端付费模式"，即申购时不扣除申购费用，但在赎回时扣除申购费用；C 类基金属于"销售服务费用模式"，即申购和赎回时不扣费，申购费用按天在销售服务费用中扣除。

以上属于常规的分类方法，有些基金在分类时可能会将属于 C 类基金的品种划分为 B 类。投资者若想了解该基金的具体收费模式，可以查看该基金的招募公告。目前，单纯的 B 类基金很少，多数为 A 类基金和 C 类基金。

还有一些基金可以直接选择前端付费或后端付费，不区分为A类基金和B类基金。

下面以交银施罗德稳健配置混合型证券投资基金为例，介绍前端付费与后端付费的区别。购买该基金的投资者可以自由选择前端付费还是后端付费，基金公司分别设置了两个申购代码，选择前端付费的投资者在申购基金时可选填"519690"，选择后端付费的投资者在申购基金时可选填"519691"，两者之间的费用差别如表3-2所示。

表3-2　交银施罗德稳健配置混合型证券投资基金前后端付费费用对比表

项目	交银施罗德稳健配置混合型（前端）	交银施罗德稳健配置混合型（后端）
申购费用（申购时交付）	10万元以下，1.5% 10万元（含）~50万元，1.2% 50万元（含）~200万元，0.8% 200万元（含）~500万元，0.5% 500万元以上，1000元	——
申购费用（赎回时交付）	——	1年以内，1.8% 1年（含）~3年，1.2% 3年（含）~5年，0.6% 5年以上，0元
赎回费用	1年以内，0.5% 1年（含）~2年，0.2% 2年以上，0元	1年以内，0.5% 1年（含）~2年，0.2% 2年以上，0元

（注：销售机构不同，各项费用可能会有一定的优惠折扣）

从表3-2中可以看出，投资者若选择在前端支付申购费用，则需按照申购金额的大小按比例支付；若选择后端支付申购费用，该费用就会按照持仓时间来支付。也就是说，投资者若能长时间持仓，选择后端支付更为有利。

下面以天弘创业板指数基金为例，来看一下A类基金和C类基金的费用对比情况。如表3-3所示。

表 3-3　天弘创业板指数基金费用对比表

项目	天弘创业板指数 A	天弘创业板指数 C
申购费用	500 万元以下，1.0% 500 万元以上，1000 元	——
赎回费用	7 天以内，1.5% 7 天（含）~ 30 天，0.3% 30 天以上，0.05%	7 天以内，1.5% 7 天以上，0 元
管理费用	0.5%（每年）	0.5%（每年）
销售服务费用	0%（每年）	0.2%（每年）
托管费用	0.1%（每年）	0.5%（每年）

（注：销售机构不同，各项费用可能会有一定的优惠折扣）

从表 3-3 中可以看出，C 类基金在申购费用方面是有明显优惠的，但其销售服务费用却明显高于 A 类基金。对于喜欢长线持有基金的投资者来说，A 类基金更有优势；反之，则持有 C 类基金更为有利。

3. 分级基金

分级基金中的 A 类基金与 B 类基金具有完全不同的性质。通常情况下，分级基金由约定收益的 A 类基金、杠杆份额 B 类基金和反向杠杆 C 类基金共同组成。其中，A 类基金的收益比较固定，而 B 类基金和 C 类基金的收益波动较大，后面会详细介绍分级基金。

三、基础性评价指标：安全性、流动性、费用率、基金规模

在选择基金产品时，先要考量一下这些基金产品的运行情况。一些基金评价指标可以帮助投资者判断基金运行的质量，如图 3-3 所示。

1. 安全性

安全性是基金评价指标中最重要、最核心的指标。从理论上讲，目前大部分公募基金都是由第三方银行承担托管责任的，因而其安全性比较有保证。换句话说，只要是从正规渠道购买的合法的公募基金产品，在安全性方面基本都是没有问题的。特别是市场上的一些老牌基金公司的产品，更是接受了长时间的考验，安全性更高。

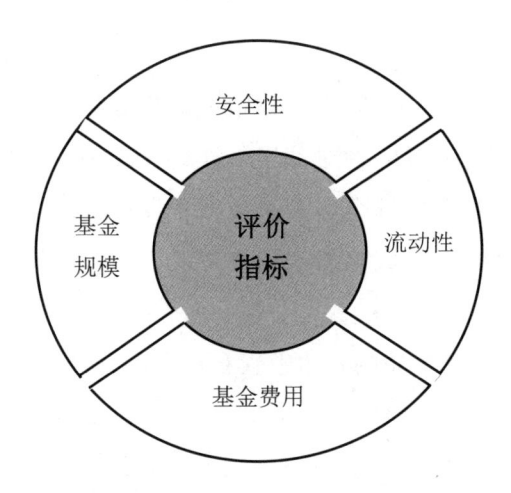

图 3-3　基金产品基础性评价指标

2. 流动性

对于很多投资者而言，流动性也是评价基金的一个重要指标。很多投资者将资金投资于基金产品后，往往希望能够在自己需要资金时可以及时赎回，这就对基金的流动性提出了较高的要求。目前，市场上大多数基金产品都属于开放式基金，开放式基金往往都具有较好的流动性。当然，从流动性这一点来说，封闭型基金可能存在一定的不足，毕竟在封闭期内投资者是无法将基金份额赎回的。投资者在选择基金产品前，先要评估一下自身对于基金流动性的需求，然后再决定申购哪种基金产品。

3. 基金费用

基金费用也是基金投资的一项较大的成本。不同的基金品种，费用也会有所差别。例如，相对于股票型基金，债券型基金和货币型基金的申购、赎回以及持仓费用都相对较低。其实，这也与股票型基金需要基金管理人花费更多的精力规划、布局投资标的有关。例如，股票型基金的申购费用可能在1.5%左右（个别渠道可能会有一定的折扣），而债券型基金和货币型基金可能根本没有申购费用。

4. 基金规模

基金规模也是评价一只基金运作情况的重要指标。一只基金规模若是越来越大，说明市场上投资者对其运作能力比较满意，越来越多的投资者愿意将资金交给该基金的基金经理来运营；反之，若一只基金的规模越来越小，说明该基金的运作成果无法让投资者满意，越来越多的投资者选择赎回该基金。

投资者可以从基金产品的介绍中查看基金规模变化情况。比如，该基金发行的总份额是多少，当前份额是多少，两者之间的对比可以看出基金规模是扩大了还是缩小了。

当然，基金规模的变化还要参考整个市场环境的变化。例如，在股市下行期间，股票型基金的盈利能力下降，可能就会有越来越多的投资者赎回基金。这个时候，评价一只基金的运营情况不仅要考虑基金规模自身的变动，还要将其与其他同类基金进行对比。

关于基金规模，还要注意这样一点：当基金规模下降到一定程度时，该基金有被清盘的风险，投资者应该提前赎回这样的基金。

四、每类基金产品的收益与风险

风险与收益是相辅相成的。投资者优先选择一些收益较高的产品时，可能也会面临较高的风险。换句话说，你要追求多大的收益，就要承担多大的风险。

通常情况下，基金产品中，因其投资标的不同，可能带来的收益与承担的风险也有所不同。按照风险与收益大小，可以将基金产品分成这样几个层次，如图3-4所示。

第一层次：高风险、高收益品种。

在众多基金品种中，以股票型基金的风险最高，收益也可能最大。在股票型基金产品中，配置的资产以各类企业的股票为主（一般为上市公司公开发行的股票）。当股市处于牛市时，股票型基金的收益可能会大幅增加；反之，当股市处于熊市时，股票型基金可能会出现较大的亏损。

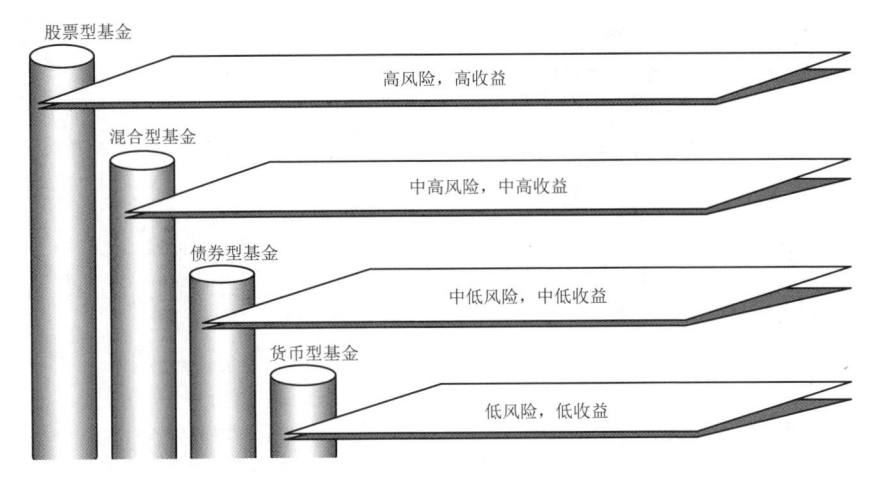

图 3-4　基金产品的风险与收益层次

当然，处于牛市时，也并不是所有的股票型基金都会有较大的涨幅，这也要看基金经理的运作和资产配置情况，毕竟每一轮牛市都有涨不起来的股票。

第二层次：中高风险、中高收益品种。

相对于股票型基金来说，混合型基金风险要小一些，同时收益也要少一些。这是源于混合型基金的资产配置中不仅包含了股票资产，还会有一定的债券资产，债券资产是一种可以获得稳定收益的资产。混合型基金的风险与收益的高低程度与股票资产、债券资产配置比例有关。若股票资产配置比例较高，则风险与收益水平就会偏向股票型基金，反之则偏向于债券型基金。

关于混合型基金的资产配置情况，可以参照该基金的业绩比较基准。以"交银施罗德阿尔法核心混合型证券投资基金"为例，如图 3-5 所示。

由图 3-5 可知，该基金的性质为混合型基金，业绩比较标准为"75%沪深 300 指数收益率 +25% 中证综合债券指数收益率"，这说明该基金配置的资产中，股票资产可能会占到 75%，债券资产仅占 25%。也就是说，该基金本质上属于偏股型基金，风险属于中高度风险，收益也在中高位水平。

基金全称	交银施罗德阿尔法核心混合型证券投资基金	基金简称	交银阿尔法核心混合
基金代码	519712（前端）、519713（后端）	基金类型	混合型
发行日期	2012年06月29日	成立日期/规模	2012年08月03日 / 11.447亿份
资产规模	27.27亿元（截止至：2018年12月31日）	份额规模	15.3319亿份（截止至：2018年09月30日）
基金管理人	交银施罗德基金	基金托管人	建设银行
基金经理人	何帅	成立来分红	每份累计0.83元（3次）
管理费率	1.50%（每年）	托管费率	0.25%（每年）
销售服务费率	---（每年）	最高认购费率	1.20%（前端）
最高申购费率	1.60%（前端） 天天基金优惠费率：0.15%（前端）	最高赎回费率	1.50%（前端）
业绩比较基准	75%×沪深300指数收益率+25%×中证综合债券指数收益率	跟踪标的	该基金无限跟踪标的

图 3-5 交银施罗德阿尔法核心混合型证券投资基金（来源：天天基金网）

第三层次：中低风险、中低收益品种。

债券型基金属于典型的中低风险、中低收益品种。债券型基金的主要投资对象为各类国债、金融债、企业债等。由于各类机构在发行债券时会约定一定的利率（利率水平高于银行利率），这就使得债券型基金的收益从长期来看比较稳定。不过，债券型基金在短期会受制于利率的波动，可能出现小幅的涨跌。

债券型基金会购入一些企业债，这些企业债并不是完全没有风险的，即使是一些信用评级较高的企业，也可能因突发事件而无法承兑债券。换句话说，债券基金也存在一定的风险，只是风险较低，毕竟债券型基金不可能将所有资产都买入一个企业的债券。

第四层次：低风险、低收益品种。

在众多基金产品中，货币型基金的风险最低，但收益也可能最低。货币型基金配置的资产主要以国债、金融债、金融工具为主，收益非常稳定，一般不会出现亏损的情况，但收益水平也无法与债券型和股票型基金相比。

五、查看评级机构的评级

很多第三方的基金评级机构会在每季度给出各个基金产品的评级数据。

一些新成立的基金或者表现较差的基金，则不会被评级机构赋予评级。这些第三方机构的评级往往能够为投资者选择基金产品提供较好的参考。

1. 评级机构

目前，比较专业且被广泛认可的基金评级机构比较多，大致可以分为两类：第一类是国内的基金评级机构，包括银河证券、海通证券、上海证券、招商证券等证券公司和一些第三方评级机构，如济安金信等；第二类是国外专业的基金评级机构，如晨星、理柏、惠誉等。

在众多基金评级机构中，晨星公司的评级被认可程度最高。晨星公司给出的评级，投资者应该给予最高程度的重视。晨星公司还发明了很多投资分析工具，例如晨星投资风格箱，该工具经常用于分析基金投资风格。投资者可在天天基金网，在任意一只基金概况页面中的"特殊数据"页面看到该工具，如图3-6所示。

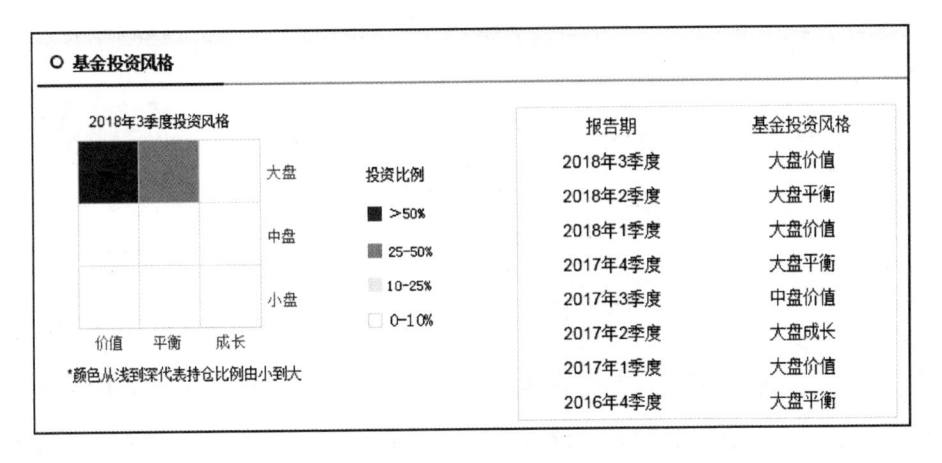

图3-6 某基金投资风格（来源：天天基金网）

图3-6为某基金的投资风格箱。从图中可以看出，该基金在2018年第3季度的投资风格以大盘股、价值投资为主。其实，这也与当时的市场环境有关。2018年第3季度，股市处于下行趋势中，只有那些大盘股、投资价值较高的个股才拥有较好的投资价值。

投资者在选择基金前，可以查看一下该基金的投资风格箱，看一下该基金的投资风格是否符合自己的投资理念。

2. 评级标准

目前市场上对基金的评价通常划分为五星等级，也就是说，五星为评级机构对基金出具的最高评级，一星为最低评级。该评级只能代表该评级机构根据其对被评价基金的分析与研究得出的结论，并不能代表真实的基金水平。换句话说，这些评级机构给出的评级只能作为投资者的参考标准，并不是唯一的标准。如图 3-7 所示。

评级日期	招商评级	上海证券评级 三年期	上海证券评级 五年期	济安金信评级
2018-09-30	--	★★★★★	★★★★★	★★★★★
2018-07-20	★★★★★	--	--	--
2018-06-30	--	★★★★★	★★★★★	★★★★★
2018-04-27	★★★★★	--	--	--
2018-03-31	--	★★★★★	★★★★★	★★★★★
2018-01-26	★★★★★	--	--	--
2017-12-31	--	★★★★★	★★★★★	★★★★★
2017-10-27	★★★★★	--	--	--
2017-09-30	--	★★★★★	★★★★★	★★★★★

图 3-7　某基金评级数据（来源：天天基金网）

图 3-7 为招商证券、上海证券和济安金信等三家评级机构对某基金做出的评级。从图中可以看出，三家评级机构最新的评级都为五星级，这说明该基金的整体运营情况较好。

当然，并不是说获得五星级评价的基金，表现的一定会比四星级或三星级好，只是获得五星级评价的基金获得优异表现的概率更大一些。

六、评估基金产品业绩表现

由于基金投资标的不同，面对的市场环境不同，评估基金产品的业绩表现不能简单地进行对比，也不能简单地分析盈利还是亏损。其实，每只基金在成立时，都已经设定了业绩对照标准。

业绩对照标准是基金运作质量的重要参考指标，也是评价基金经理运作水平的一个指标，每只基金的基金经理的目标都是努力超越业绩对照标准。当然，基金属性不同，业绩对照标准也会有所不同。例如，股票型基金经常会将沪深 300 指数列为业绩对照标准，货币型基金则会将一年定期存款利率作为业绩对照标准。投资者在申购前查看基金的业绩对照标准，就可以大致看出基金可能的盈利空间以及面临的风险。例如，某只股票型基金将沪深 300 指数作为业绩对照标准，那么，该基金的风险和收益水平可能都比较高；反之，某只货币型基金将一年期同期利率作为业绩对照标准，则其收益和风险水平都会相对较低。

当然，具体到某只基金，其业绩对照标准的设定可能更为复杂。下面看一下“诺安策略精选股票型证券投资基金”的业绩对照标准，如图 3-8 所示。

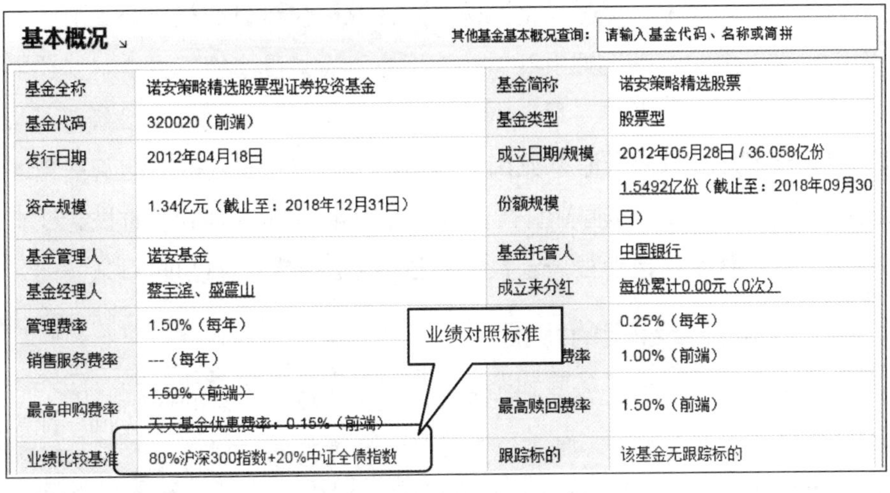
基本概况

其他基金基本概况查询：请输入基金代码、名称或简拼

基金全称	诺安策略精选股票型证券投资基金	基金简称	诺安策略精选股票
基金代码	320020（前端）	基金类型	股票型
发行日期	2012年04月18日	成立日期/规模	2012年05月28日 / 36.058亿份
资产规模	1.34亿元（截止至：2018年12月31日）	份额规模	1.5492亿份（截止至：2018年09月30日）
基金管理人	诺安基金	基金托管人	中国银行
基金经理人	蔡宇滨、盛震山	成立来分红	每份累计0.00元（0次）
管理费率	1.50%（每年）		0.25%（每年）
销售服务费率	---（每年）	费率	1.00%（前端）
最高申购费率	~~1.50%（前端）~~ ~~天天基金优惠费率：0.15%（前端）~~	最高赎回费率	1.50%（前端）
业绩比较基准	80%沪深300指数+20%中证全债指数	跟踪标的	该基金无跟踪标的

图 3-8　诺安策略精选股票型证券投资基金的业绩对照标准（来源：天天基金网）

图 3-8 为诺安策略精选股票型证券投资基金的业绩对照标准。从图中可以看出，该基金除了配置股票资产外，还配置了部分债券。该基金运作的收益目标为“80% 沪深 300 指数 +20% 中证全债指数”。

投资者可将基金当前运行情况与业绩对照标准进行对比分析，若基金净值走势优于业绩对照标准，说明基金运作情况较佳，反之，则说明基金运作情况不佳。

除了单只基金与业绩基准对比之外，投资者还可以参照每一年度的基金排名情况。通常情况下，每年年初都会对上一年度基金收益情况进行综合排名。当然，这个排名是分类的，即股票型基金和债券型基金、货币型基金是分开的，其中尤以股票型基金的排名最受关注，毕竟股票型基金可操作空间较债券型基金、货币型基金大得多。

借助这个排名，投资者可以看出自己拟投资的基金在整个基金体系中的排名情况。当然，并不是前一年度排名越高，以后年度的收益就好，但至少可以为投资者提供一个投资参照，尤其是要避开那些排名靠后的基金。

第二节 看业绩选基金经理

基金经理是一只基金的掌舵人，其操作思路和手法直接决定了基金运营的效果。同样属于股票型基金，由不同的基金经理操盘，带来的收益可能完全不同。从某种意义上来说，选基金本质上就是在选基金经理。

一、了解基金经理的背景

英雄不问出处，但作为专业性很强的金融领域，丰富的任职经历，深厚的金融背景，还是会给人一种安全的感觉。这就如同你把自己的钱交给一个陌生人去经营、打理，你肯定想知道这个人的背景资料，他到底有没有能力让自己的钱增值等。一般情况下，一个人能够被任命为一只基金的基金经理，都应该经历了较长时间的磨炼，做过很长时间的分析员、研究员一类的职务。但是，随着近些年基金行业的扩容，确实也存在一些经验水平不足的管理者被推上了基金经理的位置。正因为如此，投资者在买入基金之前，一定要仔细查看拟购入基金的基金经理背景。在基金经理背景资料中，以下三项应该被特别关注，如图3-9所示。

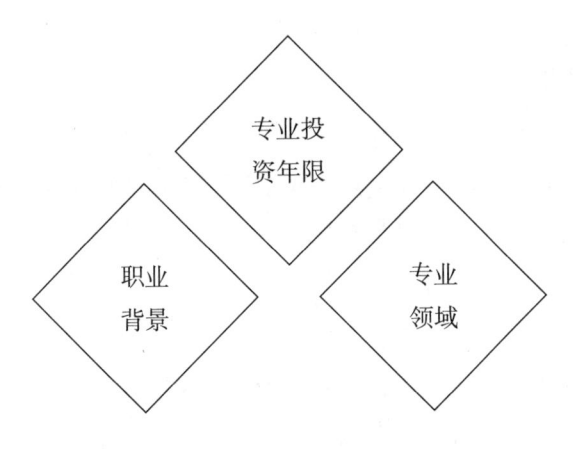

图 3-9　基金经理的背景

第一，专业投资年限。并不是说年龄越大的基金经理一定会比年轻的基金经理获得更多的投资收益，但过于年轻的基金经理，其运营资产的时间肯定较短。特别是一些股票型基金的经理，更需要丰富的投资经验。投资领域有这样一种说法：没有经历过一次大熊市洗礼的投资者，是很难真正成熟起来的。当然，这里的成熟指的是投资手法和投资想法的成熟。不可否认，随着越来越多的经验丰富的公募基金经理开始单飞，成立私募基金，公募基金中的基金经理年轻化已经成了不可逆转的趋势。但是，投资者在选择基金经理时，还是应该尽可能地选择那些经验比较丰富的，经过一轮牛市与熊市洗礼的基金经理。

关于专业投资年限，投资者还可以参照基金经理介绍页面的累计任职时间一栏。在天天基金网等各类专业基金网站上，都有各基金经理累计任职时间介绍。这个累计任职时间指的是该基金经理自初次担任基金经理以来累计担任基金经理的时间。

第二，职业背景。尽管大部分基金经理都出身于投资相关专业，但其后的职业发展路径也是值得投资者重点关注的。通常情况下，投资研究员、经理助理等岗位都是成为基金经理前不可或缺的职业经历。当然，这部分职务任职时间的长短同样也非常重要，一般都需要两年以上的任职时间才能积累相应的经验。如果成为该公司基金经理之前就已经有了其他基金公司基金经理的任职经历更好。

除此之外，投资者还可以通过查看基金经理以往的投资经历来判断其操作手法。例如，有的基金经理在牛市时操盘的基金净值增幅会远超平均基准，在熊市时，净值跌幅也会超过平均跌幅，这说明该基金经理的操作手法非常激进，富有冒险精神，投资者需要结合自己的风险承受能力，判断是否申购这类基金经理管理的基金产品。

第三，专业领域。每个人都有自己擅长的领域，基金经理也不例外。有些基金的基金经理介绍页面，会展示该基金经理擅长的领域，有些基金可能没有展示。投资者还可以通过该基金经理负责的基金性质来判断其专业领域。图3-10所示为景顺长城旗下基金经理刘彦春负责的基金。

基金代码	基金名称	相关链接	基金类型	规模（亿元）	任职时间	任职天数	任职回报
260109	景顺长城内需贰号混合	估值图 基金吧 档案	混合型	15.00	2018-02-10～至今	335天	-15.59%
260104	景顺长城内需增长混合	估值图 基金吧 档案	混合型	8.71	2018-02-10～至今	335天	-14.47%
162605	景顺长城鼎益混合(LOF)	估值图 基金吧 档案	混合型	28.36	2015-07-10～至今	3年又186天	38.71%

图3-10 某基金经理所负责的基金（来源：天天基金网）

从图3-10中可以看出，该基金经理的投资领域比较偏向于内需类的股票，这就为投资者选择基金提供了一个重要参考。

二、了解基金经理的运作成绩

虽说历史成绩并不代表未来，但是基金经理在以往取得的成绩，却可以为投资者判断基金经理的能力提供一定的帮助，如图3-11所示。

图3-11所示为易方达旗下基金经理张坤所负责的基金及其任职期间的业绩表现。投资者在查看基金经理的业绩表现时，需要重点关注这样几个方面。

基金代码	基金名称	基金类型	起始时间	截止时间	任职天数	任职回报	同类平均	同类排名
005827	易方达蓝筹精选混合	混合型	2018-09-05	至今	128天	-5.00%	-5.26%	1289|2683
001373	易方达新丝路灵活配置混合	混合型	2015-11-07	至今	3年又66天	-19.00%	-13.64%	660|1131
118001	易方达亚洲精选	QDII	2014-04-08	至今	4年又279天	6.78%	18.70%	64|94
110011	易方达中小盘混合	混合型	2012-09-28	至今	6年又106天	165.06%	63.43%	17|530

图 3-11 基金业绩表现（来源：天天基金网）

第一，关注单只基金的任职回报数据。

单只基金的任职回报反映了该基金经理任职某只基金后的业绩表现情况。任职回报数据越好，说明该基金经理操作得越好。

第二，关注任职回报与同类平均情况对比。

由于基金经理任职期间经历的股市周期不同，其任职回报也可能出现不同的波动幅度。例如，基金经理任职期间若遇到大牛市，其任职回报可能会比较高；若遇到大熊市，其任职回报就会比较低。将任职回报与同类基金平均回报对比，可以看出该基金经理的操作水平与市场平均水平的对比情况。换句话说，只有任职回报超过同类平均水平，才能称为优秀的基金经理。

第三，查看同类排名。

通过基金经理所负责的基金在同类基金中的排名对比，可以看出该基金在整个行业中的位置。例如，图 3-11 中张坤负责的"易方达中小盘混合"的同类排名为"17/530"，也就是说，该基金在同类 530 只基金中排第 17 名。

三、关注基金经理变动情况

一般来说，基金运作成果是需要很长时间才能检验出来的，短期操作很难看出一个基金经理的真实水平。尽管每家基金公司都有专门的投资决策委员会，每只基金都有特定的投资方向，但不能否认基金经理在具体操盘中的作用。每位基金经理都有各自的投资风格与偏好，因此，当基金更换基金经理时，往往意味着基金投资风格发生转变。正因为如此，投资者必须慎重对待基金经理的变动情况。

第一，正确认识基金经理的更替。

从某种意义来讲，基金经理的更替是一种必然。毕竟一只运营良好的基金可能会运行若干年，而基金经理作为一名普通职员，在一家基金公司任职的时间很可能会少于基金运营的时间，这时更换基金经理就是不可避免的。

当然，更换基金经理并不意味着基金收益会减少，投资者必须理性对待这种变更，不能因为更换基金经理就草率地赎回基金。

第二，警惕频繁更换基金经理的基金。

基金经理的更替是再正常不过的情况，但这也并不意味着频繁地更替基金经理是一个向好的信号。一只基金的基金经理若出现频繁更替，更多的可能是基金运营存在问题，或基金公司本身存在问题。无论是何种原因，投资者都应该考虑远离这类基金，以确保自己的资金安全。

当一只基金的基金经理经常出现更替，可能会使这些基金经理根本无心规划基金投资活动，这就会对投资者的投资产生严重的影响。

第三节 选基金要关注基金公司

与基金经理所起的作用相比，基金公司对一只基金起到的作用可能更大。很多基金公司都有自己的投资决策委员会，这个投资决策委员会会制定旗下基金的投资策略与规划，并由基金经理负责执行。也就是说，基金投资的大方向多是由基金公司把控的。由此可见，基金公司在基金投资方向上所起的作用是非常大的。

一、了解基金公司的背景

我们投资基金，就是要将自己手中的钱交给基金公司打理，因此投资者一定要了解基金公司的情况。在调查基金公司信息方面，投资者需要重点关注以下四个方面的内容，如图 3-12 所示。

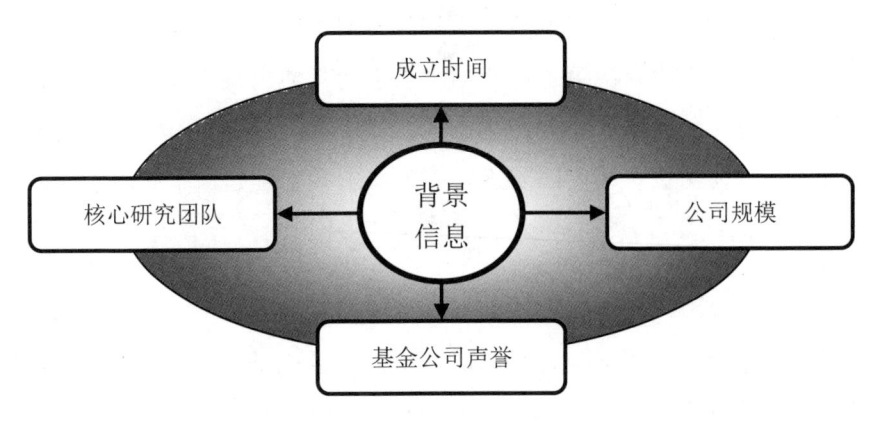

图 3-12 基金公司背景信息

第一，基金公司成立的时间。

基金公司成立的时间越久，并不意味着越值得信赖，但一家运营了很多年且商誉尚佳的基金公司，肯定比一些新成立的公司更容易给人带来安全感。特别是一些老牌的基金公司，他们在长期的经营中积累了大量的投资经验。

第二，基金公司的规模。

考量基金公司规模的指标包括这样几个：其一，基金公司运营的资产规模；其二，基金公司旗下的基金数量（尤其要关注获得第三方给予五星级评价的基金数量）；其三，基金公司旗下的基金经理数量（特别是那些运营五星级基金的基金经理人数）。

以上各项指标高低，能反映一家基金公司真实的实力水平，这种实力水平会影响基金未来的投资收益和资金安全。

第三，基金公司的声誉。

基金公司声誉是一个相对宽松的评价指标。投资者如果一时很难判断一家基金公司声誉的好坏，可以考虑借助反向指标看待这个问题。比如一家基金公司连续发生违规违法事件，那么该公司的信誉就值得怀疑，投资者应该远离这类公司。

第四，核心投资研究团队。

一家优秀的基金公司必然有优秀的投资研究团队。前面介绍过，基金经理会根据基金公司投资决策委员会的决策进行具体的投资活动，因此，每家基金公司投资决策委员会的组成就显得非常重要。投资者在选择基金公司前，需要对该基金公司投资研究团队进行深入了解，特别是这个研究团队的核心人物更为关键。

二、关注基金公司的投资方向

目前，市场上除了华夏、汇添富、易方达等几家综合性的基金公司外，大多数基金公司都有比较明确的投资方向。那些规模中等或偏小的基金公司，他们和大型基金公司竞争的策略，一般都是在自己专注的领域获得比较优势地位，然后利用自身的这些优势赢得市场，赢得客户。

投资者在选择基金公司时，要考虑一下这些基金公司的优势领域。例如，有的基金公司比较善于投资固定收益类产品，有的基金公司比较关注海外投资市场。投资者可以从这些基金公司旗下的基金产品分类以及投资回报率方面看出其专注的领域。

很多大型基金公司会定期或不定期地发布一些投资分析报告，这些投资分析报告可能是年度综合性投资分析，也可能是某一领域的投资情况分析。这些投资分析报告一方面可以为投资者接下来的投资活动提供帮助，另一方面也能够反映出基金公司擅长的领域和研究方向。

三、对比基金公司的业绩表现

基金公司的业绩主要表现在两个方面：一是收益排名情况，二是基金公司规模变化情况。

1. 从收益排名看业绩表现

前面提到过基金产品业绩排名的问题，事实上，这个排名主要是针对单只基金产品的。不过，由于每只基金产品都会按照自家基金公司投资决策委员会设定的投资规划进行布局，因此，在基金排名方面就会呈现出集群化倾向，即同一基金公司的多只基金产品要么排名都比较靠前，要么排名都比较靠后，这就能看出一家基金公司的整体运营情况。

投资者在选择基金产品时，应该选择那种多只基金产品收益排名都比较靠前的基金公司的产品。

2. 从规模变化看业绩表现

很多第三方机构每年会发布一次基金公司资产总规模排名和资产规模总额。这个资产规模排名一方面可以帮助投资者认清行业内基金公司规模对比情况，另一方面通过连续几年基金公司规模变化情况，也可以看出基金公司的整体运营情况。例如，有的基金公司可能资产规模上升较快，有的可能下降较快，这能够在一定程度上反映出投资者对基金公司的认可程度和信赖程度。

当然，投资者需要了解基金公司资金规模与排名情况，但也不能唯排名论。有些基金公司可能在某一年度发行较多的基金，使其资产出现了较大幅度的提升；有的基金公司则单纯地因投资者申购量提升，促成了规模的增大。

四、找到基金公司业绩最佳的产品

每家基金公司旗下都会有数量众多的基金产品，但并不是所有的基金产品都会获得相当程度的重视。一般情况下，基金公司为了获得市场上投资者的青睐，往往会打造几只明星基金产品。这些明星基金产品具有如下几个特征。

第一，由明星基金经理掌舵。

明星基金经理多是指那些经过多年市场考验的、具有丰富操盘经验的、取得了优于市场上绝大多数同类基金业绩的基金经理。一只基金的基金经理一旦成了明星基金经理，往往就会具有光环效应，其操盘记录就会被市场上的投资者效仿。其实，这种市场上的跟风效应，往往会促使明星基金经理获得更好的业绩。

第二，业绩明显优于同类产品。

明星基金产品之所以会成为明星，业绩上肯定有其闪光之处。他们的业绩表现不仅会高于一般的基准业绩，也会明显高于同类基金产品。这些明星基金产品的收益与同类基金产品收益相比，往往会有一种鹤立鸡群的感觉。

第三，与基金公司擅长的投资领域一致。

明星基金产品投资的方向往往就是其所属基金公司重点关注的领域。通常情况下，基金公司塑造明星基金经理的目的也不仅仅是为了一只基金，而是为了一系列基金产品，这些基金产品一般都有相同的投资领域。

第四节　认清大势再选基金

很多人将基金投资当做一种懒人理财，有钱时就买入基金，买入后就不再过问了。对于一些货币型基金固然可以这样操作，但对于大多数股票型基金或债券型基金，这种操作手法往往会错过很多收益。

一、基金与经济大环境

除了货币型基金外，大部分基金产品的收益都具有很大的波动性，这种波动性往往与宏观经济状况和股市走势相关。

1. 宏观经济状况

通常情况下，当国家宏观经济状况处于衰退期时，整个市场的投资热情就会减弱。国家为了刺激经济发展，往往会采取降低存款准备金利率等措施，促使各商业银行降低存贷款利率。

由于债券型基金持有的各种债券，其利息是事先约定好的，并不会因为银行利息降低而降低，当银行存贷款利率持续走低时，债券型基金的套利空间就会放大，从而促使债券型基金收益增加。反之，当银行存贷款利率处于上升通道时，债券型基金的套利空间就会缩小，收益则会走低。

2. 股市行情

股市走势会对股票型基金产生非常直接的影响。在 2015 年大牛市期间，股票型基金的平均收益率都在 50% 以上；反之，在 2018 年的熊市期间，股票型基金的收益率都在 -20% 左右。

换句话说，投资者投资股票型基金前，最好能够结合股市所处的阶段进行投资布局。在股市底部区域开始介入股票型基金，在市场高位时选择时机出清股票型基金，这才是正确的投资策略。

二、根据趋势调整基金配置

很多时候，股票型基金的收益往往与债券型基金的收益相背离。例如，在经济开始出现过热的情形时，股市很可能会进入牛市的下半程，股票型基金的收益也会快速放大。央行为了防控金融风险，往往会在此时采取加息等措施，这就使得债券型基金收益缩水。反之，当经济下行时，股市不振，股票型基金的收益会下跌，甚至会出现亏损的情况，而央行为了鼓励投资，则会采取降息等措施，就会拉动债券型基金的收益上升。

正因为以上原因，使得投资者具有一定的基金转换与选择机会。在股市处于熊市时，应主要申购债券型基金产品；当股市开始进入牛市时，再将债券型基金产品转换为股票型基金产品，这无疑是一种明智的选择。当然，这里还有判断整个市场经济形势的问题，对于大多数投资者来说，这具有一定的难度和风险。

有些投资者将资产按不同比例分配在股票型基金与债券型基金中，用以调节资产配置。例如，在股市处于熊市时，将大部分资产配置于债券型基金，少部分资产配置于股票型基金；反之，当股市处于牛市时，将大部分资产配置于股票型基金，少部分资产配置于债券型基金。投资者可以结合自身对大趋势的判断和资产情况，合理地将资产配置在各类基金上。

第四章

基金交易基本策略与技巧

与其他证券产品相似,基金投资也不仅仅是选对品种就可以盈利那么简单,基金交易也同样需要策略、方法和技巧。

第一节 基金购买策略与技巧

在投资领域，正确的时间买入有时比买入正确的品种更为重要。基金买入策略包括选择买入时机、设定买入批次以及设定持仓周期等。

一、基金申购与认购

前面已经介绍过基金申购与认购的概念，本节重点讨论一下，对于投资者而言，申购基金划算还是认购基金划算。

1. 从费用上看

基金公司为了鼓励投资者认购新发行的基金，往往会在认购阶段给予投资者很大的认购费用优惠。例如，很多转为正常申购的股票型基金，其申购费用大约为1.5%，而在认购阶段，费用可能仅为0.5%左右。对于基金投资来说，大约1%的费用差额可能会蚕食投资者很大一部分利润空间，毕竟基金投资本身就是积少成多的。

不过，投资者还应该了解这样一个情况：很多第三方基金销售平台可能会给基金申购费用开出一定的折扣，甚至很多第三方销售平台会给出申购费率一折的优惠。

综上所述，从费用方面考虑选择申购还是认购新基金时，投资者不仅要对比直接的申购费用和认购费用，还要考虑第三方平台能不能给予优惠，优惠的力度有多大等。

2. 从交易限制上看

从某种意义上来说，正常申购基金限制条件比较少。如投资者申购基金成功后，次日即可赎回，而且对申购的资金量限制也很少。基金认购则不同，投资者从认购基金到基金成立需要一定的时间。新基金成立后，往往还需要一定的封闭期，在封闭期，投资者不能赎回基金份额。这些限制条件无疑给基金认购带来了一定的障碍。当然，这种限制也有有利的一面，如果新基金运作非常成功，那么这个封闭期无疑对认购成功的投资者非常有利；反之，若新基金运作不利，认购成功的投资者想早点儿赎回也是不可能的。

通过以上分析可知，基金申购与认购各有利弊。对于普通投资者来说，若非有特别优秀的基金经理坐镇或者特别品种的新基金发行，否则申购基金的交易相对更为灵活，认购基金的限制相对较多。

二、基金净值与基金申购

基金净值是每份基金份额所对应的净值，也是投资者申购基金所需偿付的代价。基金净值越高，意味着投资者申购基金付出的代价越大，同样，资金申购获得的基金份额越少。正因为如此，很多投资者更青睐申购那些基金净值较低的基金品种。

截至2018年年底，市场上大多数股票型基金的单位净值都在1元左右，而华夏大盘精选基金的净值却在15元以上。也就是说，同样拿出15万元申购基金（不考虑申购费用的情况），申购华夏大盘精选只能获得1万份左右的基金份额，而申购其他股票型基金则可以获得15万份左右的基金份额，这种差别让很多投资者对高净值基金望而却步。然而，投资者应该分析基金净值差额是如何形成的，毕竟新基金发行时，面额都是1元，运作几年之后，基金之间的净值差距就会日益显现。换句话说，只有那些运作情况良好的基金，净值才会处于不断上升的趋势中。基金净值低，也有可能与基金经理的运作有关。

下面看一下华夏大盘精选基金的净值走势情况，如图4-1所示。

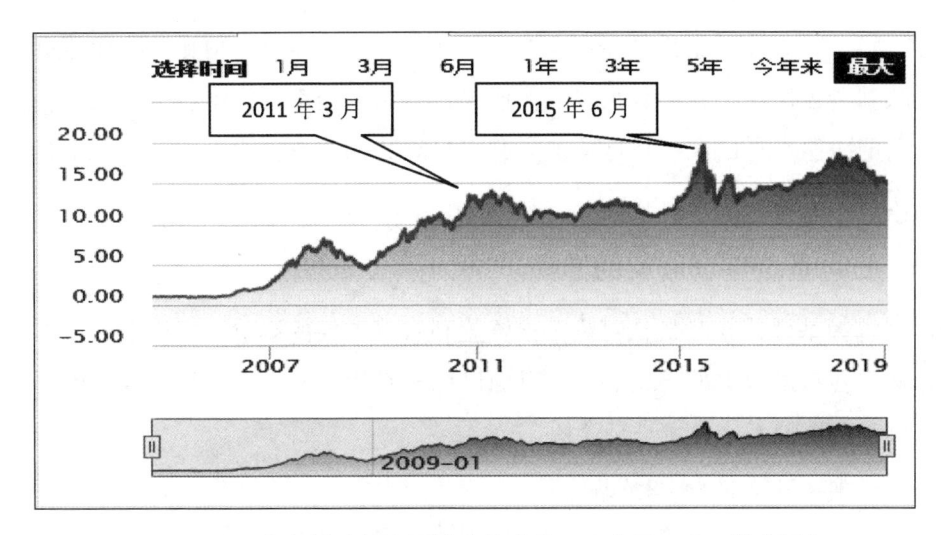

图 4-1 华夏大盘精选基金累计净值走势图（来源：天天基金网）

从图 4-1 可以看出，华夏大盘精选基金在 2011 年 3 月以前出现了大幅上涨走势。也就是说，在 2011 年 3 月以前，华夏大盘精选的基金净值已经从 1 元上升到了 13 元附近，这就意味着持有该基金的投资者在几年之内基金净值翻了十几倍。投资者在此之前申购该基金，都将获得十分丰厚的收益。

不过，从 2011 年以后，该基金净值的走势趋于平稳。尽管在 2015 年 6 月也曾迎来了一波上涨，但净值涨幅远远低于 2011 年 3 月以前的涨幅。

通过以上案例可以看出，基金净值高低并不能成为选择基金的主要指标。同样的市场环境下，基金净值较高，说明基金经理的运作水平较高，以后也可能为投资者带来更好的回报。

在分析基金净值时，需要考虑这样几个因素。

第一，同等环境下同类基金的净值变动情况。同样的环境中，基金净值越高，说明基金经理运作得越好，投资者应该选择这样的基金。

第二，近期涨幅比净值更为重要。最近一个阶段的涨幅，反映了基金最近一段时间内的表现情况。若近期涨幅较高，说明基金近期运作情况良好；反之，则较差。也就是说，尽管有些基金净值较高，但最近一段时间内，若涨幅处于同类基金的下游水平，投资者也要慎重选择。

第三，关注基金累计净值而非单位净值。基金累计净值比单位净值更能反映基金运作情况，毕竟很多运作情况良好的基金都经历了若干次分红，其当前的净值水平已经被拉低了。只有将分红数额考虑在内，才能看到基金的真实投资价值。

三、基金建仓时机的选择

选择基金建仓时机，对基金投资盈利有着重要的影响。理论上，每类基金都有各自最合理的建仓时机。下面以比较有代表性的股票型基金、债券型基金和货币型基金为例进行介绍。

1. 股票型基金建仓时机

股票型基金净值走势几乎与股市大盘走势是相吻合的，即当股市处于牛市行情时，股票型基金净值也会同步快速上升；当股市处于熊市时，股票型基金净值也会同步下跌。如图 4-2 所示。

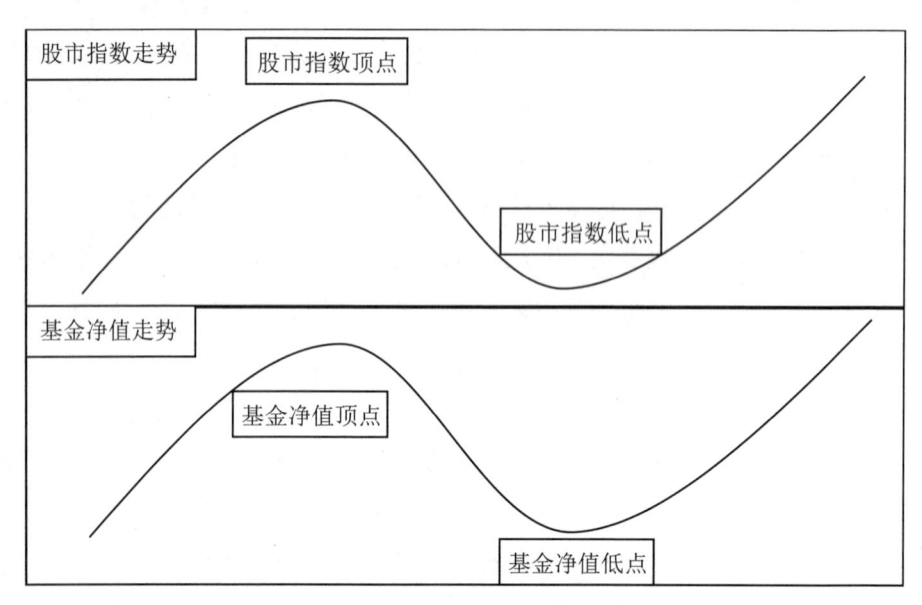

图 4-2 股市指数与基金净值走势示意图

图 4-2 为股市指数与基金净值走势示意图。在实战操作中,尽管不同类型的股票型基金走势会有所不同,但整体走势还是会与大盘走势相一致。大环境决定小气候。整个股市全部处于下跌行情时,基金经理无论如何操作,都不可避免地陷入亏损的境地,这与股票型基金的特点有关。无论股市如何调整,股票型基金持有股票的仓位都不能低于限定的比例。这个限额是在基金成立前就已经确定的,有的股票型基金为 90%,混合型基金相对偏低一些,如 75%、60% 等。关于这一点,投资者可以查看基金介绍页面。比如前面提到的"易方达中小盘混合型证券投资基金",该基金本质上属于偏股型混合型基金,其股票资产的比重为 60% ~ 95%。也就是说,该基金遇到熊市,基金经理即便大力减仓股票,也不能让股票的总体仓位低于 60%。

通过以上介绍可以发现,股票型基金的最佳建仓时间是在股市指数低点附近。当然,对于大多数投资者而言,判断股市是否已经位于底部区域确实比较困难。投资者可在股市较大幅度下跌后开始试探性建仓股票型基金,若股市继续走低,可考虑继续加仓,直至股市触底反弹。不过,并不是所有的股票型基金在低位买入都能盈利,这里还有一个选择基金的问题,投资者可参照前面的讲解。

2. 债券型基金建仓时机

从长线投资来说,债券型基金都能有一个稳定的收益,但在债券型基金处于上升行情时,收益会放大很多,反之则会少很多。

债券型基金的收益主要受银行利率的影响,银行利率上调或下调又不可避免地受宏观经济环境的影响。当宏观经济环境恶化时,政府为了刺激经济发展,会采取下调利率的措施,此时就是债券型基金投资建仓的时机;反之,经济环境持续向好时,政府为了抑制投资过热的现象,会采取上调利率等措施,这时投资者最好实施减仓债券型基金的策略。

3. 货币型基金建仓时机

理论上,货币型基金是一种收益稳定、风险很低的基金产品。货币型基金的收益一般对标一年期银行存款,也就是说,货币型基金的收益与银行利率有一定的关系。总体来说，因为货币型基金的收益浮动较小，何时建仓一般影响都不大。

四、长线持有还是短线持有

除了货币型基金外，无论股票型基金还是债券型基金，赎回费用都与持仓时间有直接关系。一般情况下，当投资者持有股票型基金或债券型基金（部分）不足 7 天时，将会收取高额的赎回费（大约 1.5% 左右）。相对于基金投资来说，这个赎回费用还是很高的，很多基金产品一个月的盈利幅度可能还没有 1.5% 呢！

投资者在申购基金前，需要确认自己到底能不能长线或者相对长线持有一只基金。如果不能长线持有，那还不如购买一些货币型基金产品，如余额宝、腾讯零钱通、京东小金库等。

当然，若投资者可将手中的资金做一个相对较长时间的投资，则可结合当前的经济形势和股市走势，判断到底应该选择股票型基金还是债券型基金。

五、构建合理的基金组合

构建基金组合，也就是在基金投资中，设计股票型基金、混合型基金、债券型基金、货币型基金的占比问题。

合理配置各类基金的占比，一般需要考虑这样几个因素。

第一，个人资产以及风险承受能力。

个人可供投资的资产较多，且风险承受能力较强的投资者，可以考虑加大股票型基金以及偏股型基金的配置，少量配置债券型基金和货币型基金。反之，若个人可供投资的资产较少，风险承受能力较弱，可以以配置债券型基金为主，以股票型基金配置为辅的基金组合策略。当然，若个人资产较少，风险承受能力较强，能够承受投资出现较大损失，也可以多配置一些股票型或偏股型基金。

第二，投资者的年龄。

无论如何，年轻的投资者和年老的投资者在投资方面采取的策略都会有所不同。有这样一个计算风险承受能力的公式：

高风险投资占比=（100-个人年龄）%

按照上述公式，投资者的年龄越大，可用于高风险投资的资金占比越低。例如，当投资者年龄为30岁时，可以用于高风险的投资占比为70%。

该公式同样适用于基金组合的设置。在各类基金中，从股票型基金到债券型基金再到货币型基金，投资风险是依次走低的。也就是说，股票型基金以及偏股型基金的风险较高，投资者需要根据个人年龄判断投资占比。

第三，外围经济环境。

前面曾经介绍过整体经济形势与选择基金的关系。投资者在设置基金组合中的各类基金占比时，还需要考虑外部的经济环境，并适度调整各类基金的占比。即在股市处于底部时，加大股票型基金的比重；反之，股市自顶部回落时，可以考虑加大债券型基金的占比。

第二节 基金加仓策略

与投资其他证券产品相似，基金投资者也面临这样的问题，到底应该在基金净值走低时加仓，还是应该在基金净值走高时加仓？这就涉及到一个基金加仓策略的问题。

一、基金加仓的基本策略

加仓，也就是在原来持有的基金份额基础上申购相同基金的行为。探讨基金加仓策略，首先需要确认投资者选择加仓的原因。

投资者加大仓位无外乎这样几个原因：其一，投资者将投资基金看成一种日常的理财行为，当资金有余量时，便执行买入操作；其二，投资者看到投资的基金产生了一定的盈利，想要进一步扩大盈利规模，因此采取基金买入行为；其三，投资者看到所投资的基金出现一定的亏损，为了拉低持仓成本，早日实现盈利，因而采取基金买入行为。

基于以上加仓原因分析，下面来探讨一下关于加仓策略的问题。

第一，保持相同频率加仓。

若投资者将基金投资看成一种日常的理财习惯，那么，保持相同的加仓频率无疑是一种不错的选择。例如，通过设置基金定投来自我约束，积少成多。当然，定投的频率可以自由掌握，可以每月定投一次，也可以每周定投一次，甚至每日定投一次等。

在具体的实战中，即使是基金定投，投资者也应该根据基金品种的不同选择更合理的定投开启和结束时间。关于这一点，后面会有详细介绍。

第二，股票型或偏股型基金的净值走势与加仓问题。

由于股票型或偏股型基金的净值走势与股市走势基本吻合，因此，可以根据股市波动情况绘制一副大致的大盘走势图，如图4-3所示。

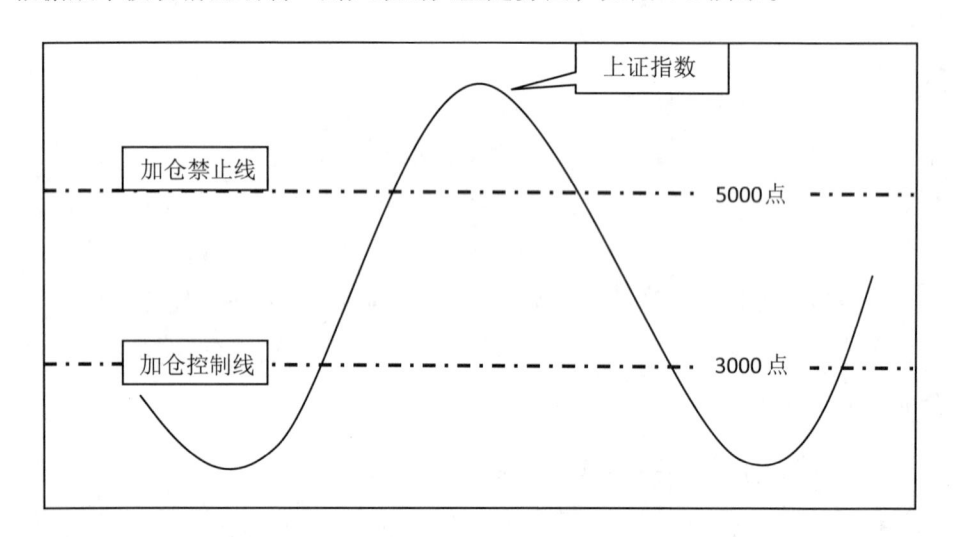

图 4-3　股市大盘与基金加仓示意图

如图4-3所示，根据上证指数历年的波动情况可以发现，2016年以来，上证指数处于3000点以下的时间有限，投资者若能在3000点以下购入股票型或偏股型基金，获利的概率极大。也就是说，在3000点下方，投资者加仓后获利的概率很大。反之，上证指数在5000点上方停留的时间往往比较短，投资者在5000点上方买入股票型或偏股型基金，获利的概率极小。上证指数处于3000点以上5000点以下的区域，投资者买入股票型或偏股型基金能否盈利，则充满了不确定性。

综上所述，出于基金投资安全的考虑，投资者可将上证指数3000点作为加仓控制线，即在该线以下，投资者加仓不受限制；上证指数进入3000点以上，则应限制加仓；上证指数5000点为加仓禁止线，该线以上不宜加仓。

当然，将3000点和5000点分别作为加仓控制线和加仓禁止线并不是绝对的，投资者可以根据自身情况，结合股市的波动状况，适度地进行修正和调整。

二、顺势加仓

顺势加仓，即当基金净值处于上升趋势时，投资者继续购买持有基金的行为。顺势加仓可以不断提升盈利总额，使投资收益最大化。

鉴于基金类别的不同，投资者宜采取不同的加仓策略。

第一，股票型或偏股型基金加仓策略。

股票型或偏股型基金的净值走势往往与股市走势一致，因此，当基金净值呈上升趋势时，投资者若想加仓，需进行一定的风险防控。例如，当大盘指数在一定点位之下（3000点或4000点）时，按照净值每提升一定幅度加仓一定金额或每隔一定时间加仓一定金额。若大盘指数超越一定点位，则不宜再度加仓。

与一次性建仓策略相比，这种连续加仓策略虽然使单位净值有所提升，但总的盈利额度也在不断上升。

第二，债券型基金加仓策略。

前面曾介绍过债券型基金净值走势与国家宏观经济形势有关。债券型基金的收益受银行利率的影响较大，也就是说，当利率水平处于下降趋势时，债券型基金的收益水平反而出现上升势头，此时，投资者采取加仓行为就属于顺势加仓。

第三，货币型基金加仓策略。

从某种意义上来说，货币型基金所起的作用更类似于银行存款，投资者可以将货币型基金作为其他基金的补充和辅助。一般来说，投资者可以在任意时点选择加仓货币型基金。

三、逆势加仓

逆势加仓总会给人一种非常痛苦的感觉，有的投资者也认为逆势加仓是一种不识时务的选择。其实，在基金投资领域，如果手中的基金是一个优秀的投资品种，若基金净值处于下降趋势，逆势加仓也许是一个不错的选择。

债券型基金尽管短线可能有涨跌，但跌幅并不大。从中长期来看，债券型基金很少出现下跌走势，因而也不存在逆势加仓的情况。货币型基金则根本不存在下跌的情况，更不会出现逆势加仓的情况。

换句话说，所谓的逆势加仓，主要指的是股票型或偏股型基金的逆势加仓行为。股票型或偏股型基金出现下跌走势时，若采用加仓策略，无疑可以拉低持仓成本。

股票型或偏股型基金与股市走势几乎是一致的。当股市自高点回落后，股票型或偏股型基金也会出现下跌态势。不过，投资者最好不要在股市自顶部回落时加仓股票型或偏股型基金。从以往的股市波动来看，每一次股市自高点回落后，肯定要经历一波比较痛苦的下跌行情，股票型或偏股型基金也会出现大幅下跌。投资者最好设置一个加仓基准线，即当大盘指数跌破某一低点后再开始加仓，并按照每下跌一定点位加仓一定金额的节奏进行加仓控制。

例如，投资者在大盘5000点时投资了股票型或偏股型基金，其后随着大盘下跌，基金出现了亏损。投资者可将大盘到达3000点设置为加仓基准线，指数每下跌100点加仓1000元，依次类推。当大盘触底反弹后，也可以反向顺势加仓，同样按照每上涨100点加仓1000元的节奏操作；若大盘指数向上突破3000点，则不再加仓。

其实，当大盘跌至很低的水平时，特别是创出历史低点时，往往属于股票型基金特别是指数型基金的最佳投资时机。从长远来看，股市不会永远处于底部，随着国民经济的发展，股市也一定会出现上涨行情。因此，在股市阶段低点时，购入股票型或偏股型基金并将其持有至牛市来临，往往可以获得较为丰厚的回报。

第三节 基金减仓与赎回技巧

基金减仓是指投资者主动或被动地赎回基金份额以获取资金的行为。投资者赎回基金的时机以及赎回的方式，都可能对最终收益产生重要的影响。

一、主动赎回与被动赎回

按照投资者的个人意愿，可将赎回基金的方式分为两种，即主动赎回和被动赎回。

1. 主动赎回

主动赎回是指投资者按照个人意愿，结合基金净值变化情况、市场环境做出的有计划赎回基金的行为。通常情况下，投资者主动赎回基金时往往有很大的自主性，不受外力影响。主动赎回的情况包括以下三种。

第一，基金业绩不够理想。基金投资与股票不同，很难立刻看到投资的成果。投资者考察基金运作效果时，时间可以相对长一点儿，至少要一年左右的时间。也就是说，一只基金产品在一年时间内没有取得预期的收益（甚至出现较大亏损），投资者可以考虑赎回操作。

当然，投资者还要结合整个市场环境来分析。若一只基金整体业绩没有实现盈利，但相对于同类基金产品已经属于比较优异的表现了，也是可以接受的。例如，2018年，上证指数出现了较大规模的下跌，整个市场上的股票型或偏股型基金的全年净收益均为负值。在该年度内，即使是一些顶尖的绩优品种，基金净值也出现了亏损。从这里也可以看出，投资者必须全面评估这些基金产品的运营情况，而不是单纯地看基金有无盈利和盈利多少。

第二，基金产品本身出现一些变化，可能会影响以后的收益。例如，基金公司的股权发生变化，致使出现高管团队生变、基金经理更替或者核心研发团队离职等情况。此时，激进的投资者可以选择立即赎回基金，保守型的投资者可以继续观察一下基金运作情况。若基金运营收益出现下滑，则考虑赎回基金。

第三，市场经济形势发生变化，股市开始进入熊市格局，出于保护资金的考虑，投资者可赎回基金份额。

2. 被动赎回

被动赎回是指投资者并非出于本人意愿而不得不赎回基金的行为。通常情况下，投资者被动赎回基金时往往没有自主性，多受外力影响。

被动赎回基金的情况包括以下两种。

第一，个人资金需求导致必须赎回基金。投资者在投资期间，因个人原因突然出现资金需求，导致必须赎回基金，是被动赎回基金最主要的原因。为了减少这种被动赎回基金的情况发生，投资者需要提前预留一部分资金以应付突发状况。当然，投资者也可以将这部分备用资金投资于货币型基金，货币型基金申赎非常灵活，而且收益一般高于同期银行存款。

第二，基金规模过小，净值过低，导致被清盘。按照基金管理相关法律法规规定，当基金规模连续60个交易日小于5000万元或持仓人数少于200人，基金将被清盘。这种情况通常属于基金业绩不理想，赎回基金的投资者较多而引起的。一般情况下，基金清盘需要履行一定的程序，也需要一定的时间。投资者为了避免基金清盘引发被动赎回，需要提前了解基金规模的变动情况，一旦基金规模出现大幅萎缩并濒临清盘线，宜提前动作主动赎回。

二、一次性赎回与分批赎回

除了被动赎回基金，投资者需要一次性全部赎回所持有的基金份额外，一般情况下，以分批赎回所持有的基金份额为宜。

一次性赎回基金能极大地满足投资者对资金的需求，但一次性赎回所持有的基金份额，在降低投资风险的同时，也可能让投资者错过一些投资收益。

对于大多数主动赎回的投资者而言，分批赎回基金是一个不错的选择。通常情况下，投资者主动赎回基金都是源于对基金未来走势看弱而引发的，要么基金净值处于上升末期，投资者担心净值会出现回落；要么基金净值正处于下跌时期，投资者担心净值会进一步下跌。不过，这总归属于投资者的个人判断，并不意味着基金净值走势真的会与投资者的判断一致。每个人的判断都无法做到百分百正确，只有市场才能给出唯一正确的答案。投资者采取分阶段、分批次赎回基金的策略，可以避免因为过早赎回而错过投资收益。

当然，在设置赎回的频率方面，还需要结合投资者的资金量和市场情况综合判断。通常情况下，投资者可以考虑以下两种分批赎回方式。

第一，以时间为中心，分批次赎回。例如，投资者按照每周赎回一批次的方式，连续几周将持有的基金赎回。这样，若基金在几周内出现了一些涨幅，可以扩大收益；若基金亏损扩大，因为前面已经赎回了若干批次，则可减少亏损额度。

第二，以价格为中心，分批次赎回。例如，投资者将基金净值上升或下跌至某一价位则赎回固定份额的基金设置为赎回条件，当基金净值触发赎回条件时，则立即赎回相应份额的基金。

第五章

股票型基金交易技术

股票型基金是目前基金市场上最主要的基金品种，也是属于收益与风险都比较大的一个品种。操作股票型基金与操作股票、操作其他基金品种存在明显的不同。

第一节 股票型基金及其特征

股票型基金是指投资于股票市场的基金。2015 年之前，股票型基金的仓位限制在 60% 以上。按照 2015 年最新的基金仓位管理规定，股票型基金所持股票的总仓位必须达到基金资产的 80%。也就是说，只有持有股票资产占基金总资产 80% 以上的基金，才能称为股票型基金。

股票型基金与债券型基金、货币型基金存在明显的不同，概括起来说，股票型基金具有如下几个特点。如图 5-1 所示。

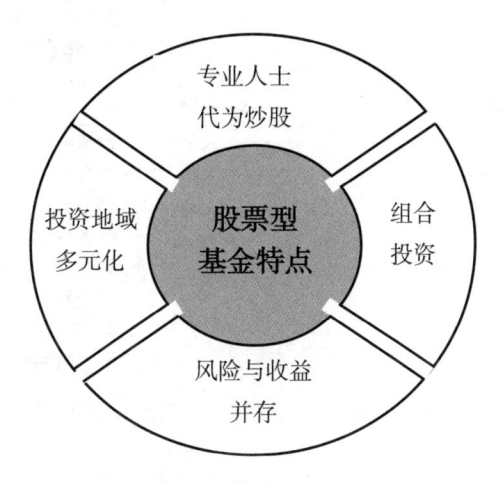

图 5-1 股票型基金的特点

一、专业人士代为炒股

对于普通投资者来说，个人炒股由于缺乏专业知识，风险很大。股票型基金都是由具有很强专业知识的基金经理操盘，投资者买入股票型基金，其实就相当于雇佣了专业的投资人士为自己炒股。

无论从什么角度来看，基金经理的投资经验都要比普通投资者更为丰富，而且专业的人做专业的事也更容易成功。从这点上来说，对于没有那么多精力投身于投资研究的人来说，投资股票型基金是一个不错的选择。

二、组合投资

组合投资，分散风险，是股票型基金最显著的特点之一。每只股票型基金持有单只股票的仓位一般都不会太高，这种分散式的持股方法可以有效地防范投资风险。也就是说，投资者用很少的钱就实现了大额资金才能获得的资金保障。例如，投资者有 1 万元，如果用来购买股票，只能购买一只或为数不多的几只，而且购买股票越多，交易成本就越高。如果用来购买股票型基金，则相当于购买了该基金持有的所有股票。如图 5-2 所示。

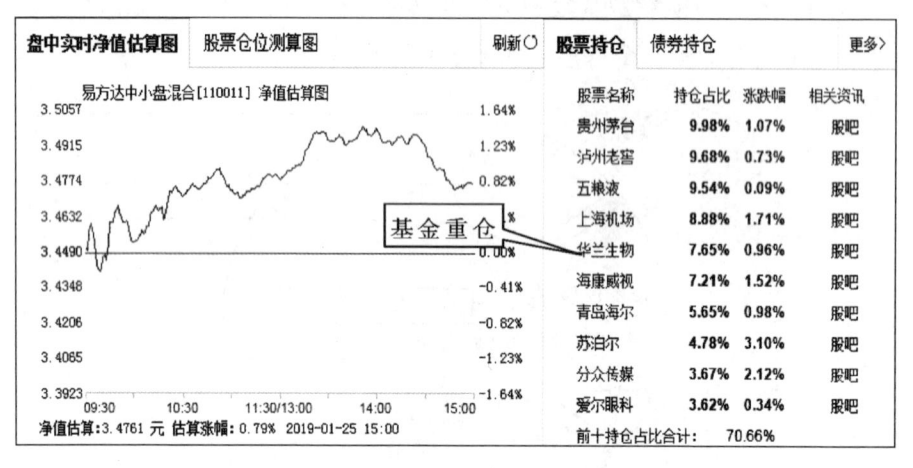

图 5-2　易方达中小盘混合基金持仓数据（来源：天天基金网）

从图 5-2 中可以看出，易方达中小盘混合基金所持有的股票中，仓位占比最大的为贵州茅台。不过，该股占总仓位的比重仍不足 10%，前十大重仓股合计占比在 70% 左右。这就意味着投资者无论向该基金投资多少额度，都等同于购买了该基金所持有的全部股票，在一定程度上可以起到分散风险的作用。

三、风险与收益并存

高风险、高收益是股票市场最显著的特征。股票型基金主要的投资标的是各类股票，其净值走势与股票整体走势基本一致，因此，股票市场的风险与收益也会同步传递至股票型基金。

图 5-3 为股票型基金指数与上证指数从 2017 年 1 月到 2018 年 7 月的日线走势图。从图中可以看出，股票型基金指数的运行态势与上证指数基本一致。当上证指数上升时，股票型基金指数同步上升；反之，也会同步下降。不过，相对于上证指数，股票型基金指数的走势更为强势。也就是说，在股市处于上升趋势时，股票型基金往往能够获得更多的利润；股市下跌时，股票型基金的损失相对要低一些。其实，这也说明股票型基金的操盘者即基金经理比普通投资者的投资经验更为丰富，也更容易获得更多的收益。

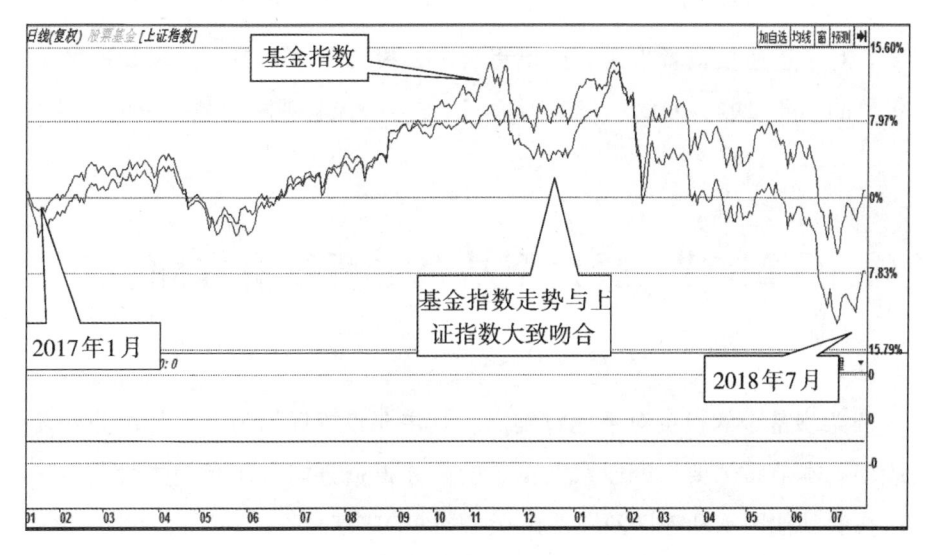

图 5-3 股票基金指数与上证指数走势图

四、投资地域多元化

随着资本市场不断开放，股票型基金的投资范围不断扩大。目前，投资者通过购买 QDII 基金就可以实现投资境外国家和地区股市的目的。图 5-4 所示为华夏全球精选（QDII）基金重仓股名单。

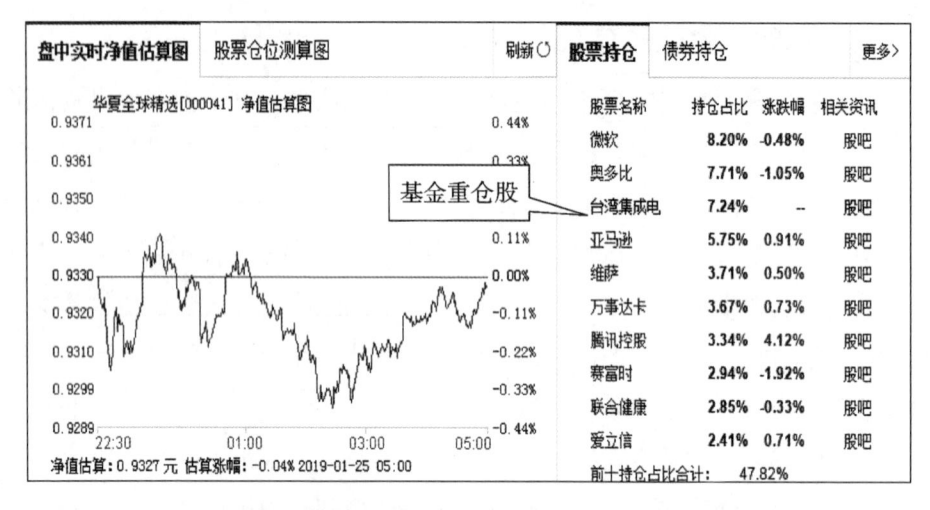

图 5-4 华夏全球精选的股票持仓数据（来源：天天基金网）

从图 5-4 中可以看出，华夏全球精选基金持有的股票涵盖了多个国家和地区。对于普通投资者来说，如果将有限的投资分散到多个国家和地区是很难想象的，通过购买 QDII 基金，却可以很轻松地实现跨地域投资的目的。

第二节 股票型基金主要投资方向

股票型基金的投资对象比较确定，其主要投资标的为上市公司公开发行的股票。本节将主要研究股票型基金的具体投资方向。还有一些股票型基金可以投资其他国家和地区的股票市场，如 QDII 基金，将在后面重点讲解。

一、大盘股、中小盘股

按照股票盘子的大小，可以将市场上的股票划分为大盘股、中盘股和小盘股。通常情况下，一些央企或规模较大的、效益较好的股票大多属于大盘股的范畴；反之，一些新兴的，正处于上升期的股票，很多都属于中小盘股票的范畴。

1. 大盘股和中小盘股的特征

大盘股由于盘子较大，业绩趋于稳定，因而这类股票的走势相对也更为稳健。相比中小盘股票，大盘股走势更稳。

中小盘股与大盘股存在明显的不同，这类企业正处于上升期，业绩并不稳定，可能出现大幅上涨的情况，也可能出现大幅回撤。这种不稳定的业绩也会反映在股票的价格走势上。也就是说，相比于大盘股，中小盘股的价格走势非常不稳定，更容易出现大涨大落的情况。

2. 各类股票型基金的特征

大盘股与中小盘股走势存在明显的区别，因此很多基金公司有针对性地设计了一些专门以投资大盘股为主的股票型基金和以投资中小盘股为主的股票型基金。以投资大盘股为方向的股票型基金的净值波动，也同样小于以投资中小盘股为主的股票型基金。通常情况下，在上升趋势中，以投资中小盘股为主的股票型基金表现会更好；反之，在下跌趋势中，以投资大盘股为主的股票型基金表现会相对好一些。但是，在下跌趋势中，几乎所有的股票型基金都会出现下跌走势，甚至出现全部基金净收益增长率为负值的情况。比如，在2018年整个股票型基金排名中，净收益第一名的基金，净收益增长率也同样是负值。

下面来看一下易方达中小盘混合基金、招商大盘蓝筹混合基金以及上证指数走势之间的对比情况。

图5-5所示为易方达中小盘混合基金、招商大盘蓝筹混合基金以及上证指数从2015年1月到2017年8月之间的走势对比图。从图中可以看出，易方达中小盘混合基金的波动幅度是三者之间最大的，招商大盘蓝筹混合基金的波动幅度相对就小很多，而且其与上证指数的走势更为接近。当然，从图中也可以看出，在上证指数横向震荡期间，中小盘与大盘走势开始分化。例如，从2016年2月开始，上证指数开始小幅震荡走势，招商大盘蓝筹混合基金随之横向震荡，而易方达中小盘混合基金却出现了大幅上涨。这也说明，在股市横向震荡期间，一些中小盘股票或者某些行业股票往往会有非常

好的投资机遇。当然，股市横盘期间，也是最能考验投资者选择基金水平的时候。

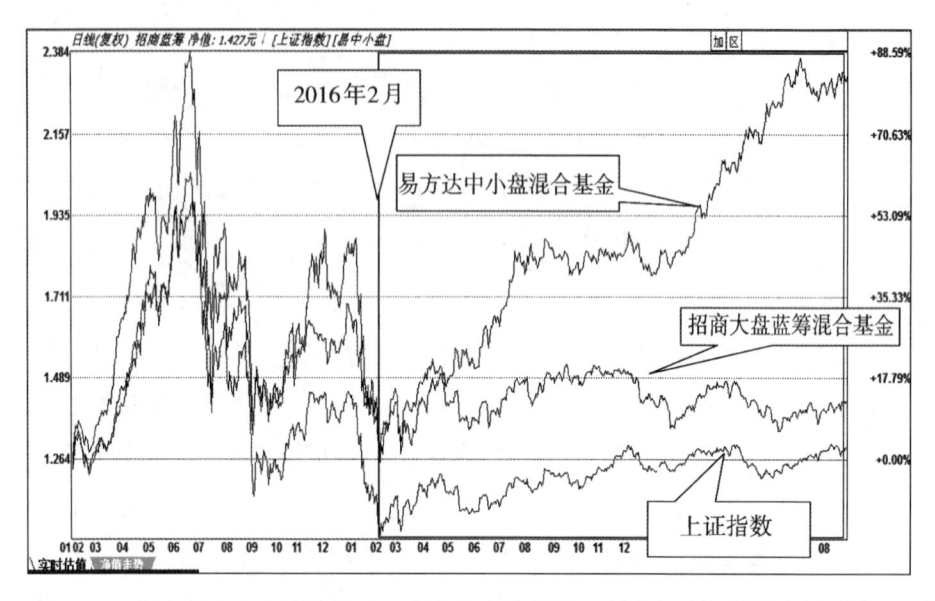

图 5-5　易方达中小盘混合基金、招商大盘蓝筹混合基金与上证指数走势对比图

二、行业股

在非单边行情中，各类行业板块往往会呈现出百花齐放的状态。其实，投资者回顾股市的历史走势就会发现，单边牛市或熊市的时间都比较短，更多的时间是属于震荡行情。在震荡行情中，往往会出现各类行业板块轮动的情况。正因为如此，以行业股票为投资对象的基金也是众多股票型基金中比较有代表性的一种。

1. 行业股票的特征

由于行业不同，很多行业还具有明显的周期性，这就使得这类股票的走势常常具有比较鲜明的特点。具体包括以下两点。

第一，周期性。很多行业的股票都具有明显的周期性。当某一行业进入快速发展期时，股票市场就会迅速做出反应。

第二，联动性。股市中往往存在明显的关联性。当行业内某一股票出现某些利好因素后，市场资金就会根据关联性拉升相关股票的价格，从而促使整个行业板块上行。

当然，并不是所有的行业都具有成长空间。有些行业正处于快速发展期，资金关注的概率就相对高一些，也更容易出现较快的增长；反之，一些夕阳行业通常很难出现大规模的上升行情，它们只会在整个股市处于牛市时出现跟随上升的走势。

在行业股票中，比较有代表性的行业板块包括消费品行业、白酒行业、医药行业、银行业、证券行业、科技互联网、芯片行业等。

2. 各行业股票型基金的特征

各类行业股票的走势并不一致，一些行业往往比其他行业更容易获得资金的关注，因此，行业股票型基金并没有涵盖所有的行业，只是涵盖了一些特殊的，相比其他行业更容易获得资金关注的行业。其实，这里面还有更重要的一点。目前市场上的基金以开放式基金为主，开放式基金是要随时接受市场检验的。若某一行业股票型基金的净值增长速度优于其他行业和大盘，则更容易获得投资者的青睐；反之，若某一行业股票型基金的净值增长速度低于其他行业或大盘，投资者可能会选择赎回基金，这样基金就无法继续运营了。正因为如此，市场上的大多数行业基金都集中在了比较热门的行业中。

下面来看一下汇添富医药保健混合基金与上证指数走势对比图，如图5-6所示。

从图5-6中可以看出，汇添富医药保健混合基金在2018年之前的走势相对弱于上证指数。自2018年2月中旬后，该基金受益于医药股上涨行情，走出了独立于大盘的走势。从2018年2月中旬到2018年5月底期间，上证指数呈下跌态势，该基金净值却强势上攻。由此可见，有一些行业板块在某些时段可能会走出独立行情。

图 5-6　汇添富医药保健混合基金与上证指数对比走势图

三、主题概念板块

主题概念板块，是指具有某一共同主题或概念、特征的股票集合。通常情况下，在同一板块内的股票具有同涨同跌的特点。

1. 主题概念股票的特征

一般情况下，某些主题概念可能在某一时段受到很多资金的青睐而出现大幅上升走势。概括起来说，主题概念类股票具有如下几个特征。

第一，轮动性。通常情况下，各个主题概念板块内的股票会出现明显的轮动性上涨行情。某一时间段内可能某一概念板块内的股票会出现明显的上升行情，另一时间段内可能又会轮到下一概念板块。轮动的时间有长有短，若某一主题概念板块出现长时间的上涨行情，则意味着该概念板块属于领涨概念。不过，若各个概念板块轮动速度加快，则说明市场缺乏可持续的热点，整个市场属于弱势行情。

第二，联动性。与行业股票相似，主题概念板块内的股票往往也存在明显的关联性。当某一主题概念板块内的某一股票出现某些利好因素后，市场资金就会根据关联性拉升相关股票的价格,从而促使整个主题板块上行。

2.各主题板块股票型基金的特征

尽管市场上的股票被划分为很多不同的主题概念板块,但事实上,能够吸引资金关注并形成独特走势的主题或概念并不多。从这个角度来说,市场上大多数具有共同主题概念的股票很难走出长时间的比较独立的行情,这也是市场上主题概念类股票型基金相对较少的原因。当然,一些与国家长期规划或战略相关的主题概念,则属于相对比较特殊的品种,这些主题概念可能在未来若干年内成为资金炒作的主线,因而很多基金公司以此类概念为核心成立股票型基金,如"一带一路""中国制造2025"、人工智能等。

下面来看一下大成一带一路灵活配置混合基金与上证指数走势对比图,如图5-7所示。

从图5-7中可以看出,大成一带一路灵活配置混合基金在2018年之前的走势与上证指数基本吻合。自2018年2月中旬后,该基金受益于"一带一路"概念走热而开始表现出强于大势的行情。其后,该基金净值波动与上证指数相似,但其走势一直运行于上证指数的上方。

图5-7 大成一带一路灵活配置混合基金与上证指数对比走势图

四、混合型基金投资方向

混合型股票型基金是股票型基金中一个非常重要的分类。混合型基金与单纯的股票型基金相比，操作空间更大，对股市波动的应对也更加从容。

前面曾经介绍过混合型基金，这类基金可以将成长型股票、收益型股票以及固定收益类债券等投资统一起来，投资者购买一种基金，就可以实现多元化投资的效果。混合型基金可以在股市上升期间大量持仓股票，以获得更好的收益；在股市下跌期间，则通过持有固定收益类债券来获得相对稳定的收益。

混合型基金主要分为两类。

其一，全品类混合型基金。基金成立时，并没有设定投资股票的类别，因而整个市场上的股票都可以成为该类基金的投资标的。通常情况下，该类基金的股票持仓比例会占到 60% 以上，最高可以达到 95%。其余的仓位用于投资债券类固定收益产品。投资者查看该类产品的介绍可以发现，该类基金业绩的参考标准通常为 80% 的沪深 300 指数和 20% 的中证全债指数。

其二，分类混合型基金。基金在成立时，直接设定了投资股票的类别，如中小盘股票、消费板块股票或医药板块股票等。该类基金的股票持仓占比与全品类混合型基金相同，但其全部投资标的主要集中于事先设定的类别。例如，中小盘混合基金的股票投资对象主要是中小盘股票。

下面来看一下易方达中小盘混合基金的净值走势与上证指数走势对比图，如图 5-8 所示。

从图 5-8 中可以看出，易方达中小盘混合基金的净值走势与上证指数的波动基本一致，不过，该基金在三年的时间里还是取得了远远高于上证指数的涨幅。特别是从 2018 年 2 月中旬到 2018 年 5 月底期间，该基金的净值走出了与上证指数相反的行情，即基金净值持续上升，大盘指数却在不断地走低。

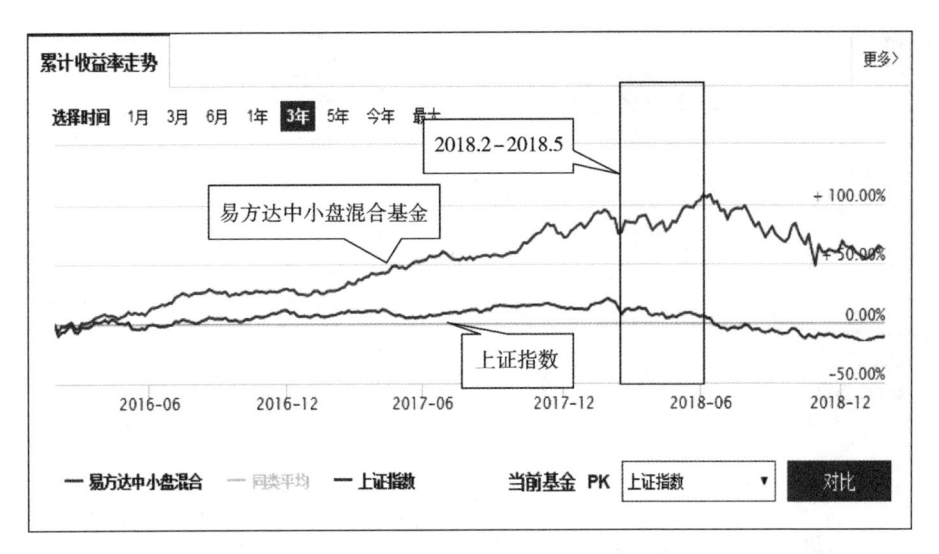

图 5-8 易方达中小盘混合基金与上证指数的走势对比图

第三节 股票型基金交易技巧

从宏观角度来看，随着经济的发展，股市整体走势应该呈震荡上升趋势。也就是说，尽管短期可能会有调整、震荡或者大幅下跌，但从长期来看，上涨一定是大概率事件。从这点来说，买入股票型基金并坚定持有，一定会有可观的收益。然而，现实却非常残酷，下面来看一下上证指数走势图，如图 5-9 所示。

图 5-9 为 1996 年到 2018 年的上证指数走势图。从图中可以看出，尽管在二十多年的时间里，股市整体上也呈现出了震荡上升的态势，但期间出现的两次明显高点还是会让人心有余悸。对于股票型基金的投资者而言，若在 2007 年和 2015 年两次股市顶峰时入场建仓股票型基金，可能在若干年内都很难取得正收益。从这点来说，投资股票型基金时，选择正确的买入时机非常重要。

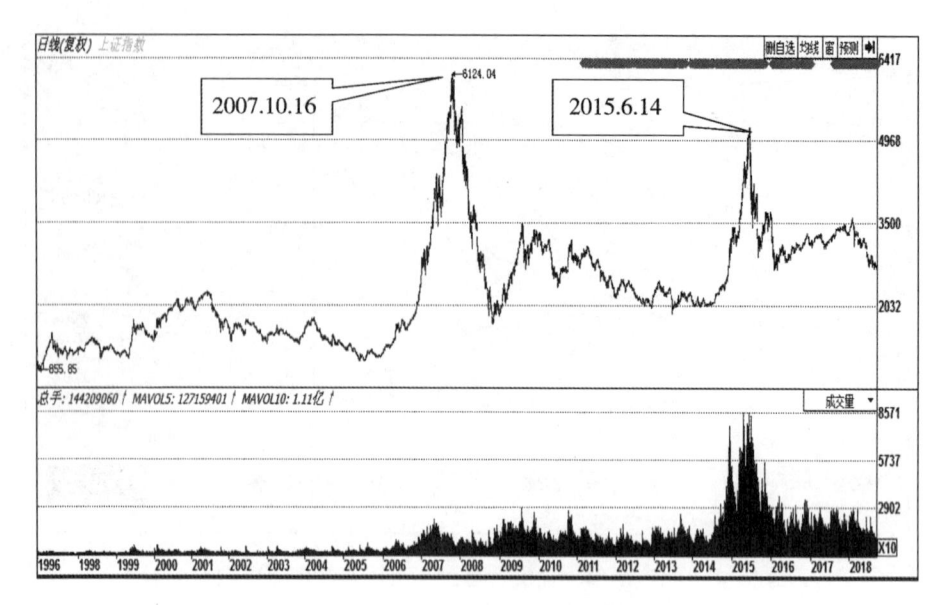

图 5-9 上证指数日 K 线走势图

一、底部入场与定投

通过图 5-9 可以看出，合适的入场时机是股票型基金盈利的重要保证。作为投资者，肯定希望找到最佳的入场时机，找到真正的底部位置，而不是下跌的"半山腰"。但是，对于投资者而言，寻找绝对底部几乎是一件不可能完成的任务，在近乎底部的位置入场，再加上持续定投，才是投资获利的真正秘籍。

第一，底部防御安全线。与其努力寻找绝对低点，不如找到相对底部。从上证指数的历史走势来看，3000 点是一个相对安全的防御线。当市场由弱转强时，上证指数往往会向上突破 3000 点；反之，当市场处于 3000 点下方时，说明市场处于弱势整理行情中，不过，这一区域往往也属于相对安全的区域。如图 5-10 所示。

第二，试探性入场或启动定投。从 5-10 中可以看出，上证指数大部分时间里都在 3000 点下方区域震荡，一旦牛市启动，指数就会向上突破 3000 点。换句话说，投资者若能在低于 3000 点的区域入场建仓或者坚持定投，然后耐心持有至上证指数向上突破3000点，无疑可以增加盈利的概率。

第三，3000点下方的交易策略。3000点是一个重要的安全线，投资者若持有股票型基金或指数型基金，则不宜再进行止损操作。当上证指数向下跌破3000点后，股票型基金或指数型基金下跌的空间将会十分有限，而上涨的潜力却是巨大的。在3000点以下，持有的股票型基金即使出现了一些亏损，但只要坚持定投三到五年，也会产生较大的盈利。

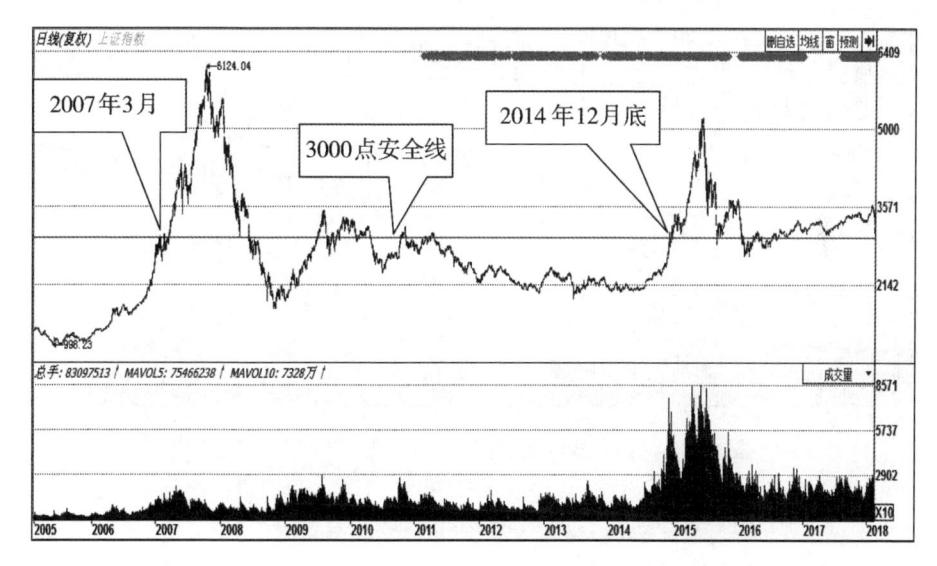

图5-10 上证指数日K线走势图

二、板块轮动与调仓换基

从以往的经验来看，即使是在整个股市上升时段，也存在有的板块上升速度较快，有的板块上升速度较慢甚至下跌的情况。当然，这种情况在震荡市中表现更为明显。

下面看一下白色家电板块指数与上证指数走势的对比情况，如图5-11所示。白色家电板块指数自2015年6月中旬随大盘指数同步大幅下挫，其后出现了同步震荡下跌走势。此阶段的走势，说明投资者持有大盘指数和白色家电板块指数并无太大的区别。自2015年10月开始，白色家电板块指数出现了强势的上升势头，其涨幅远远超过了大盘指数。此时，投资者若将持有的股票型基金或指数基金转换为白色家电行业指数基金或家电行业股票型基金，无疑可以取得优于大盘的收益。

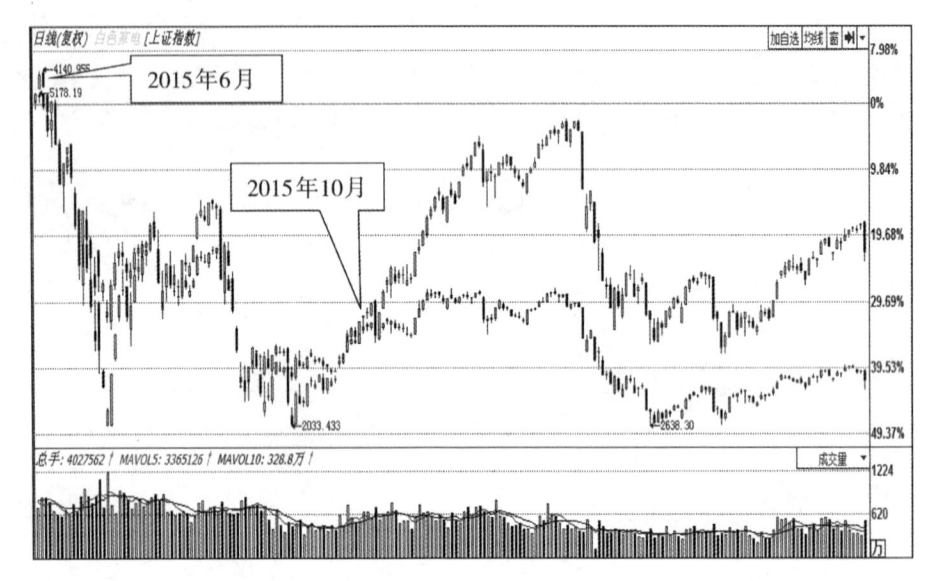

图 5-11 白色家电板块指数与上证指数走势对比图

在进行调仓换基之前，投资者需要注意这样几点。

第一，找到领涨板块。股市上升行情中，某一时间段内会有某一板块或几个板块起到推动大盘上攻的作用，这些板块就是领涨板块。

第二，分析领涨板块的持续性。在一波牛市中，领涨板块中有一些持续上涨的时间会比较长，有一些持续上涨的时间很短，最短的领涨板块可能持续不了十几分钟。投资者不能因为有领涨板块出现，就立即买入这一板块的基金品种，而是要寻找那些持续性较强的领涨板块。其实，每一轮牛市都会有比较清晰的投资主线，如股市上涨初期往往是基建工程、能源类的股票推动大盘上升；在股市上升中期，各类钢铁、工业类股票会起到一定的推波助澜作用。

第三，不宜频繁换基。股票型基金的申购与赎回费用相对较高，特别是当投资者持仓时间过短时，基金公司会收取高额的赎回费用（一般为 1.5%

左右）。对投资者来说，这些费用可能会蚕食相当大的一块利润，因而投资者在换基之前必须慎重。

三、顶部离场切换至债基

股票型基金或指数型基金与债券型基金、货币型基金不同。随着股市进入牛市尾声，股票价格会出现触顶回落的走势，其后将会有很长一段时间的下跌行情。如果投资者继续持有股票型基金或指数型基金，很可能会出现大幅损失。因此，当股市行情结束上涨并已经确认开启调整后，投资者最好能够及时将股票型基金或指数型基金切换至债券型基金或货币型基金。

下面看一下基金指数K线走势与上证指数走势对比图，如图5-12所示。

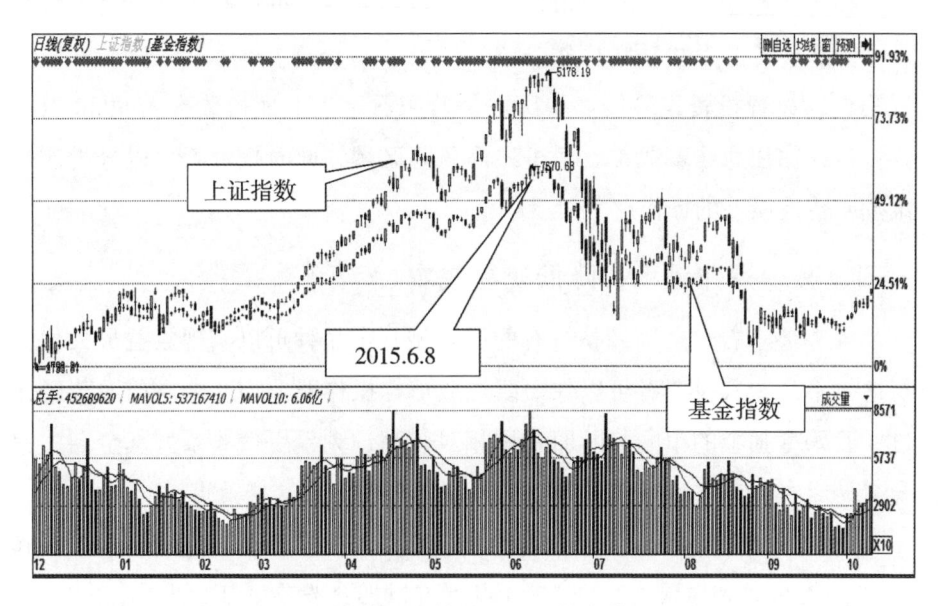

图5-12 基金指数与上证指数走势对比图

从图5-12中可以看出，基金指数的日K线走势与上证指数基本一致。当上证指数进入顶部区域时，基金指数也同步进入顶部区域；其后，随着股市暴跌，基金指数也开始大幅走低。其实，当股市下跌行情已经得到确认的时候，持有股票型基金或指数型基金的投资者，如能将手中的股票型基金转换为债券型基金或货币型基金，就可以规避其后因股市下跌而带来的投资损失。

不过，投资者将股票型基金转换为债券型基金时，需要注意以下几点。

第一，切换时机的选择。股市顶部的确认是转换能否成功的关键。很多时候，股市顶部会在投资者并不认为是顶部区域的时候到来。也就是说，很多投资者预计股市还将继续上攻，股市却开启了回调与下跌的走势。这时候，投资者可以考虑在股市上攻时设置一定的安全防线，例如当上证指数回调20%或30%时，开始减仓并转换至债基的操作。

第二，分批次转换更为稳妥。如果投资者无法确认股市是否转向，可以考虑在股市进入高位后分批次转换基金，也就是说，将持有的股票型基金的30%转换为债券型基金。当股市再下跌一定幅度后，再转换30%，直至将所有股票型基金转换为债券型基金。

第三，设置投资风险线。从历史经验来看，当上证指数进入5000点以上位置后，往往意味着股市已经进入高风险区域，此时投资者可以分批次进入止盈或转换债基的操作。

四、减少操作频率，降低交易成本

从大趋势来看，适当调整持有的股票型基金品种可以实现收益最大化，但是这并不意味着投资者可以像短线炒股那样操作股票型基金。前面曾经介绍过，股票型基金的申购与赎回费用相对较高，频繁更换股票型基金会大幅抬升交易成本。在实际操作过程中，投资者需要注意这样几点。

第一，设置操作安全线与风险线。例如，投资者分别设置3000点和5000点为安全线和风险线，即3000点下方以加仓股票型基金为主，5000点上方以减仓股票型基金为主。当然，3000点和5000点并不是绝对的安全线和风险线，投资者可以在实战过程中，根据个人经验和股市走势动态调整。

第二，抓大放小，即找准大趋势，放弃小趋势。投资者可利用相关的技术分析方法，对股市运行大趋势加以研判，当大趋势上升时，进行加仓操作，当大趋势下降时，进行减仓操作。对于交易日内级别的波动不宜过分关注，不能因为某日股市上涨而买入基金，也不能因为某日股市下跌而卖出基金。

第三，在板块轮动方面，投资者应更关注那些能够支撑股价长期、持续上行的概念，忽略那些短线热炒的概念板块。其实，短线爆发力越强的板块，上涨行情往往越难持久。当然，投资者若非投资股票型基金，而是投资股票，则另当别论了。

第六章

指数型基金交易技术

指数型基金,是指以某一特定指数为标的,并以该指数构成的标的为投资对象的股票型基金。以常见的沪深300指数为例,如果某只基金以该指数为标的,该基金就会按照沪深300指数构成的权重占比买入300只股票,其后该只基金的净值走势就会与沪深300指数保持一致。当沪深300指数的标的股票发生调整时,该基金也会随之调整基金的投资标的。

相比其他类型的股票型基金,指数型基金更为被动,因而也称为被动型基金。

第一节 为何巴菲特偏爱指数型基金

"通过定期投资指数基金,一个什么都不懂的投资者通常都能打败大部分的专业基金经理。"1993年巴菲特在《致股东的信》中曾经这样写道。从1993年开始,巴菲特推荐了不下10次指数型基金,由此可见他对指数型基金的偏爱。

一、市场总体向上

随着国民经济的发展,股市必然会随之整体上行,作为股市中各类股票运行参照标的的指数,也会不断走高。当然,从短期来看,伴随着一轮牛市跨越顶峰后,指数走出下跌趋势或短暂的下行都是可能的,但是从长远来看,指数一定会重新回归上升通道。下面看一下沪深300指数的日K线走势图,如图6-1所示。

图6-1为2010年到2018年的沪深300指数日K线走势图。从图中可以看出,沪深300指数的波动幅度非常大。不过,观察沪深300指数的最低点可以知道,指数每次回调的低点都呈现出了不断上升的势头,这说明股市整体上处于上行态势。

不过,从沪深300指数的走势来看,投资者投资指数型基金也并不是买入稳赢的,若在高点处入场,也存在亏损的可能。换句话说,指数型基金的交易同样需要讲究方法和技巧。

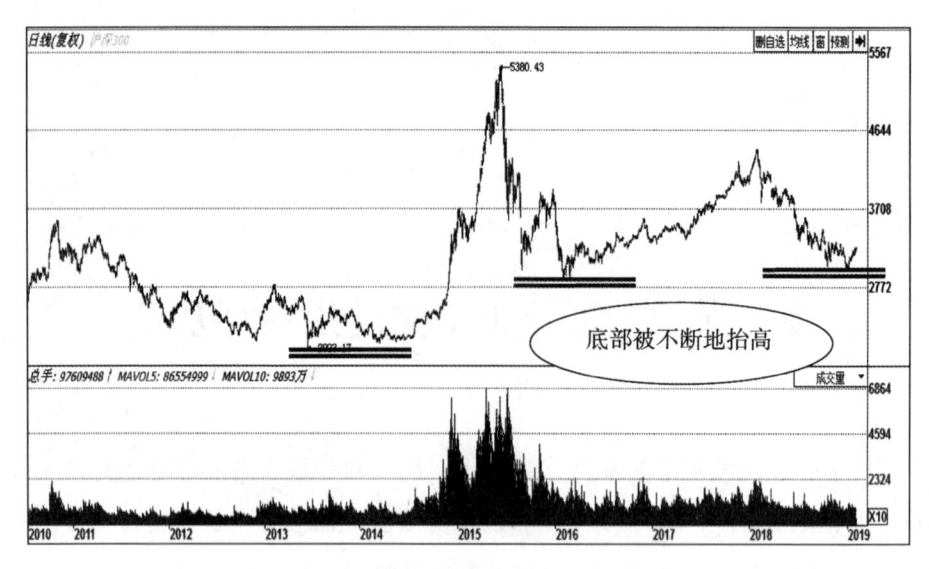

图 6-1　沪深 300 指数日 K 线走势图

既然市场是整体上行的，那么，持有指数型基金就相当于必然会分得市场上行带来的红利，这就省得投资者费力地筛选其他基金产品或股票了。

二、股价难以预测

短线投机股票，是巴菲特最不喜欢的一种方式。从短期来看，股市波动总是让人难以捉摸，特别是一些个股的波动更为激烈。通常情况下，面对这种波动，普通投资者总是显得力不从心。下面看一下风华高科的日 K 线走势图，如图 6-2 所示。

从图 6-2 中可以看出，从长期来看，风华高科的股价处于上升趋势，但其短期波动异常剧烈，持有该只股票的投资者很可能没有等到股价上升就将其止损卖出了。也就是说，短线交易需要投资者具有强大的心理素质和丰富的交易经验，而这又是大多数普通投资者并不具备的。从这个角度来看，指数型基金无疑是大多数普通投资者最佳的投资选择。

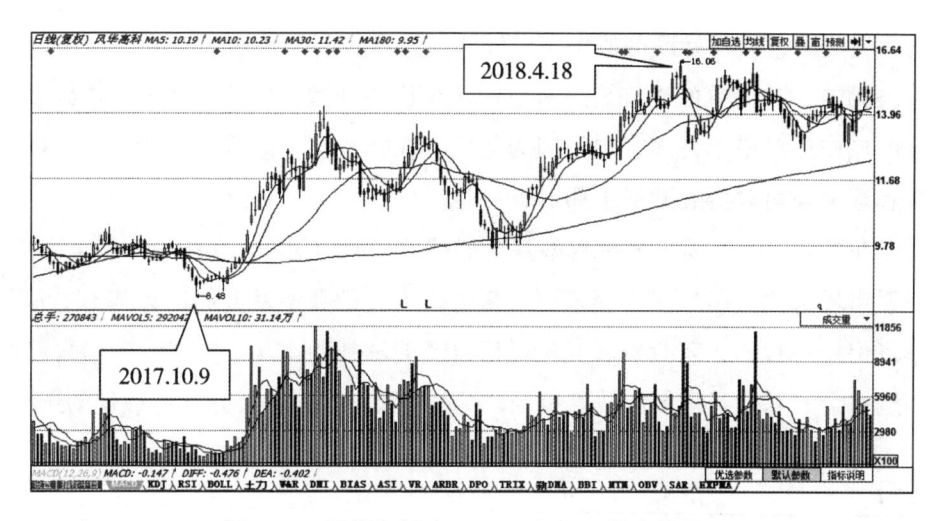

图 6-2　风华高科（000636）日 K 线走势图

三、抛弃人为因素，大道至简

几乎所有的基金经理都在努力实现优于大盘平均指数涨幅的收益目标，但事实上，从过去的统计数据来看，真正能够战胜平均指数的基金经理微乎其微。大部分基金经理的业绩都要低于平均指数涨幅。也就是说，投资者投资被动的指数型基金，收益很可能会高于主动管理的股票型基金。

指数型基金之所以能够取得如此优异的表现，主要基于以下几个因素。

第一，摒弃人为因素干扰。主动型股票基金的建仓与清仓决策都是由基金经理制定的。为了确保投资决策的科学性，尽管每家基金公司都会建立比较规范的决策程序，但这些决策毕竟都是建立在人为决策基础之上的，必然会受到人的主观因素的影响，这就使得主动型股票基金的业绩受人为因素影响较大，若期间基金经理出现严重的决策错误或者踩到了某颗"雷"（即个股因受某些突发因素的影响出现股价暴跌的情况），都可能让基金的业绩一落千丈。

被动的指数型基金则不受这种人为因素的影响，即使指数构成中的某只股票出现股价大幅下跌的情况，但由于个股在整个指数中的占比极低，因而投资者受到的影响也会小很多。况且，构成指数的个股大部分都属于行业内的优质股票，股价暴跌的概率相对较低。

第二，最简单的也许是最有效的。相比主动型的股票型基金，指数型基金的操作相对简单许多。也正因为如此，在指数型基金成立初期，很多投资者和基金公司对指数型基金都不屑一顾。

事实证明，最简单的指数型基金却是盈利能力最强的。指数型基金强势，说明市场远比大多数基金经理更加懂得市场。指数型基金的走势基本上是与市场保持一致的，若投资者无法保证自己能够战胜市场，或者不确信自己所申购基金的基金经理能够战胜市场，买入指数型基金无疑是一种最佳的选择。

第二节 指数基金及其分类

相比国外的指数型基金，国内指数型基金还处于发展的初期阶段，远没达到深入人心的程度。当然，这与我国基金业整体发展晚于国外有关。

世界上第一只指数型基金诞生于美国，诞生初期远没有现在这样风光。1975年，约翰·博格创立了第一只指数基金——先锋指数基金。创立之初，先锋指数基金募集资金的目标为1.5亿美元，由于市场上大多数投资者对指数型基金并不认可，最终只募集到了1100万美元。

此后，市场一再证明了约翰·博格的正确性，指数型基金的收益率一再超过市场上优质的股票型基金，他创立的先锋指数基金旗下管理的资金规模超过1万亿美元。作为指数型基金的缔造者，约翰·博格被《财富》杂志评为20世纪四位投资巨人之一。

一、指数与指数的作用

如前所述，指数型基金是以标的指数为参照的。指数型基金取得的收益大小，其实与所选标的指数密不可分。只有标的指数走出一波高于一波的行情，指数型基金才会获得更高的收益。换句话说，选择指数型基金，最重要的就是选择指数。

1. 股票指数

股票指数即股票价格指数，简称股指，是指通过选取一组股票编制计算，用以描述股票市场总体价格水平或某类股票价格水平变化的指标。通常情况下，股市平均价格指数多是由市场上最具代表性的若干家公司的股票构成的。各大机构编制平均价格指数的目的，也都是为了尽可能直观、准确、真实地反映股市的运行状态。

在我国股市，最受关注的指数是上证指数和深证成指。

上证指数（即"上证综合指数"的简称）是以上海证券交易所挂牌交易的全部股票（包括A股和B股）为样本，以发行量为权数（包括流通股本和非流通股本），用加权平均法计算出来的股价指数。该指数以1990年12月19日为基日，基日指数定为100点。

深证成指是从深圳证券交易所上市的所有股票中抽取具有市场代表性的40家上市公司股票作为计算对象，并以流通股为权数计算得出的加权股价指数。深证成指以1994年7月20日为基日，基日指数定为1000点。自2015年5月20日起，为更好地反映深圳市场的结构性特点，适应市场进一步发展的需要，深交所对深证成指实施扩容改造，深证成指样本股数量从40家扩大到500家，以充分反映深圳市场的运行特征。

从上证指数和深证成指的构成可以看出，二者选取的样本股截然不同。相对于深证成指所选择的500家代表性企业，上证指数涵盖的范围更广。特别是在上海证券交易所上市的公司规模更大，涉及的行业更多，因而其反映的股市整体运行趋势与国民经济形势也更为吻合。也正因为如此，相比深证成指，上证指数也更受市场人士的看重。通常所说的大盘，如无特指，一般都是指的上证指数。

除了反映整个股市走势的大盘指数外，目前各大证券交易机构和证券研究机构还编制了各类板块的股票价格指数，如创业板指数、食品饮料行业指数等。这些指数对板块之外的股票几乎没有借鉴价值，但对本板块的股票却有重要的指引作用。这些板块指数有些抽样选择的是整个板块的股票，有些则是从板块中选择较有代表性的若干只股票。例如，创业板指数就是选择在创业板内上市的100家比较有代表性的企业的股票计算出来的价格平均指数。

2. 指数的作用

一般来说，指数具有以下三种典型的用途。

第一，真实地反映市场走势情况。从创立第一天开始，指数就被赋予描述市场运行情况的作用。例如，股市大盘指数被用于描述整个市场所有股票的运行情况，上证指数所起的就是这样一个作用。当投资者想了解股市的涨跌情况时，通过单独的股票很难得出一个相对准确的结论，但如果有了股票指数，则完全不一样。投资者查看股票指数的涨跌情况，就可以知道整个市场或板块的涨跌情况。

第二，作为一种追踪投资工具而存在。当市场上的投资者越来越认识到股票指数的作用，越来越多的投资公司和基金公司开始按照指数的构成购买股票，这些基金净值走势就会与股票指数保持一致。

第三，作为期货投资的标的而存在。从事股指期货投资的投资者都知道，目前国内市场上的股指期货产品，包括沪深300指数、中证500指数和上证50指数三个品种。

3. 指数的分类

目前，市场上常见的股票指数体系，按照不同的分类方法可以分为若干类别。

（1）按照推出指数系列的机构划分。目前，股票指数体系推出的机构可以划分为上海证券交易所推出的上证指数系列，如上证综指、上证50指数、上证180指数等；深圳证券交易所推出的深证指数系列，如深证成指、深证100指数、创业板指数、中小板指数以及由沪深交易所联合发布的沪深300指数等；由中证指数公司开发的中证100指数、中证200指数等。

（2）按照指数涵盖标的的性质划分，包括这样几类：其一，综合指数，如上证综指；其二，成分股指数，如深证成指、上证180指数、沪深300指数等；其三，行业指数，如商业指数、批发零售指数、房地产指数等；其四，概念板块指数，如上证国企改革指数、沪智家居指数等。其中，综合指数和成分股指数为宽基指数，即指数涵盖的股票跨越多个行业；概念板块或行业板块指数涵盖的股票跨越的行业少很多，甚至只有唯一一个行业。

除了国内市场的股票指数外，投资者还可以通过一些基金销售代理机构购买国外的指数基金，如图 6-3 所示。

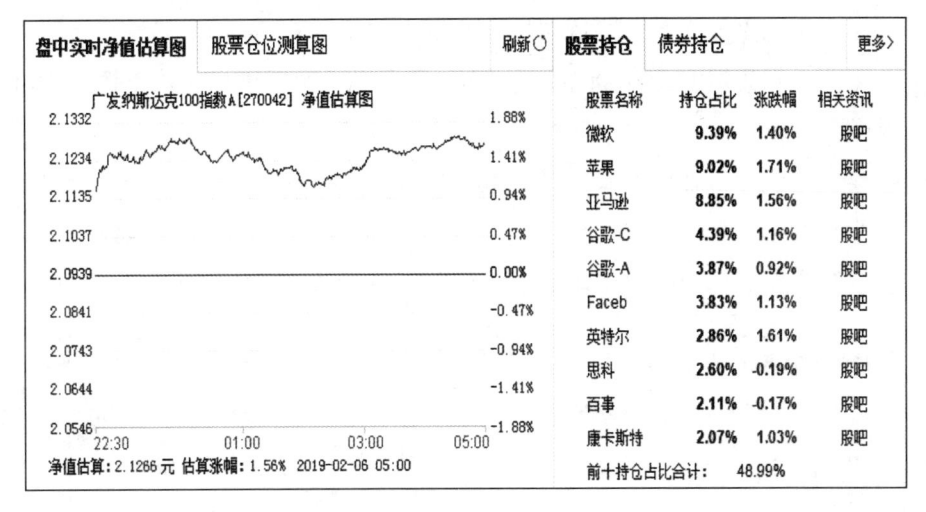

图 6-3　广发纳斯达克 100 指数 A（来源：天天基金网）

图 6-3 为广发纳斯达克 100 指数 A 的净值走势和股票持仓数据。从该基金的命名来看，该基金属于对标纳斯达克 100 指数的指数型基金，其持仓的股票也会按照纳斯达克 100 指数的权重占比分别持有微软、苹果、亚马逊等公司的股票。

二、宽基指数基金与窄基指数基金

从理论上讲，每种股票指数都可以成立对应的指数型基金，越是被市场广泛认可的股票指数，就有越多的与之对应的基金品种。例如，美国股市的标准普尔 500 指数，我国股市中的沪深 300 指数等。

按照指数涵盖投资标的的跨度大小，可以将指数基金分为两类：其一为宽基指数基金，其二为窄基指数基金。

1. 宽基指数基金

宽基指数基金是以宽基指数为标的创建的指数型基金。按照美国证券机构的标准，宽基指数具有这样几个特点。

第一，指数涵盖的股票数量较多，一般要多于10只股票。

第二，指数中单只股票所占比重较小，不能超过30%。

第三，权重最大的5只股票所占比重不能超过60%。

第四，权重股日交易额不低于5000万美元（A股市场应该不低于10亿元人民币）。

第五，包含行业跨度较大，一般要超过5个行业。

常见的指数如上证50、沪深300、中证500等都属于宽基指数。针对这些指数创建的基金，同样也都属于宽基指数基金，如图6-4所示。

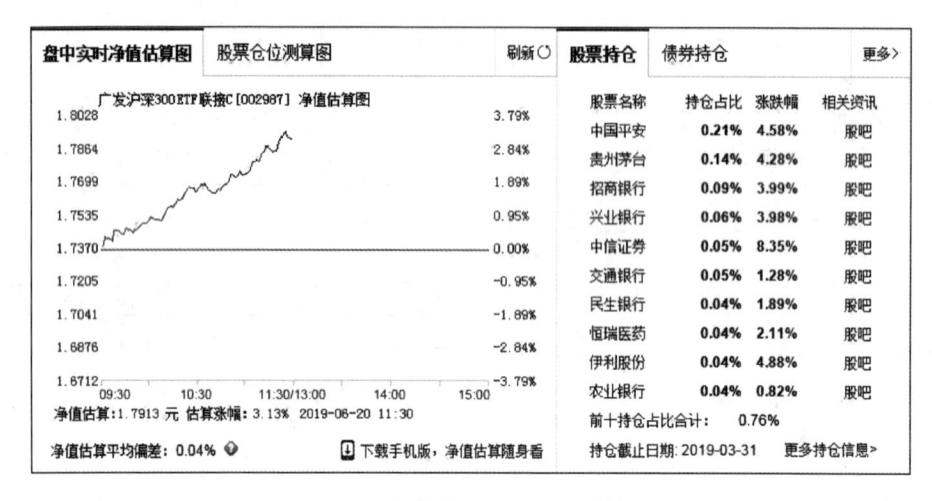

图6-4 广发沪深300ETF联接C

从图6-4中可以看出，广发沪深300ETF联接C指数型基金持仓的300只股票涉及的行业跨度非常大，不仅包含了银行金融业、医药行业、白酒行业，还包括了建筑行业等。另外，单只股票在这只基金中所占的权重都非常低，说明该基金属于典型的宽基指数基金。

一般来说，宽基指数基金具有以下几个特点。

第一，避免股价大幅波动。由于指数中包含的股票较多，即使个股出现大幅波动，对整个指数的影响相对较小。

第二，抵消黑天鹅事件。对于投资者而言，若持有的个股或行业遭遇黑天鹅事件，很可能会出现较大的亏损。由于宽基指数基金涵盖的行业和个股较多，因而其受到的影响就会小很多。反之，当股市整体向好时，市场上大多数股票都会出现上升势头，此时宽基指数基金也会随之上升。

2. 窄基指数基金

窄基指数基金是与宽基指数基金相对的概念，是指涵盖的股票和行业相对较少的指数基金。窄基指数基金一般特指那些行业类指数型基金和概念板块类指数型基金，如白酒指数基金、一带一路指数基金等，如图6-5所示。

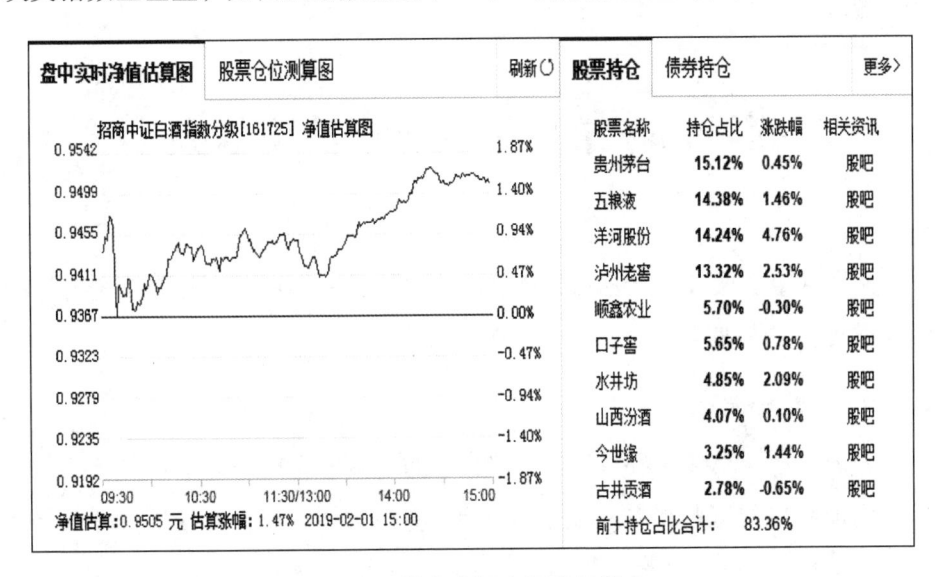

图6-5　招商中证白酒分级基金

图6-5为招商中证白酒分级基金的净值走势以及持仓数据。从基金名称可以看出，该基金主要的跟踪标的为中证白酒指数，其持仓的股票也全部为白酒股。该基金前十位重仓股合计占比超过80%，这说明该基金不符合宽基指数基金的特征，是典型的窄基指数基金。

一般来说，窄基指数基金具有如下几个典型的特征。

第一，股票涵盖行业比较少，且多为单一行业，如白酒行业、医药行业等，这就使得基金净值走势受行业波动影响较大。

第二，基金净值波动幅度相对较大。由于窄基指数基金包含的股票较少，因而，当个股股价出现较大幅度波动时，基金净值也会随之出现较大幅度的调整。特别是当构成指数的权重股出现大幅度波动时，基金净值波动的幅度也会随之加大。

第三，投资者若投资窄基指数基金，需要重点关注基金仓位占比最大的几只股票。基金净值波动受这几只重仓股的影响较大，若其中一只重仓股遭遇黑天鹅事件，投资者可能会面临较大的损失。从某种意义上来说，投资者应该避免基金重仓股中存在个别股票占比超过30%的情况。

第三节 常用指数与指数型基金

指数基金主要分为宽基指数基金和窄基指数基金两类。每类基金对标的指数不同，往往具有不同的投资路线与策略。

一、宽基指数

如前所述，宽基指数是指那些股票分布行业非常广泛的指数。目前，市场上比较经典的宽基指数主要包括上证50指数、沪深300指数和中证500指数。下面以沪深300指数为例，介绍其指数构成及交易含义。

1. 沪深300指数及其构成

沪深300指数是由上海证券交易所和深圳证券交易所联合发布的，由沪深两个市场上市值较大、流动性较好的300只股票组成，综合反映我国A股市场上市股票价格的整体表现。沪深300指数创立于2005年4月8日，以

2004年12月31日作为基日，基日点位为1000点。由于沪深300指数是由沪深两市联合发布的，因而沪深两市都分别为其赋予了相应的代码：上海证券交易所的代码为000300，深圳证券交易所的代码为399300。如图6-6所示。

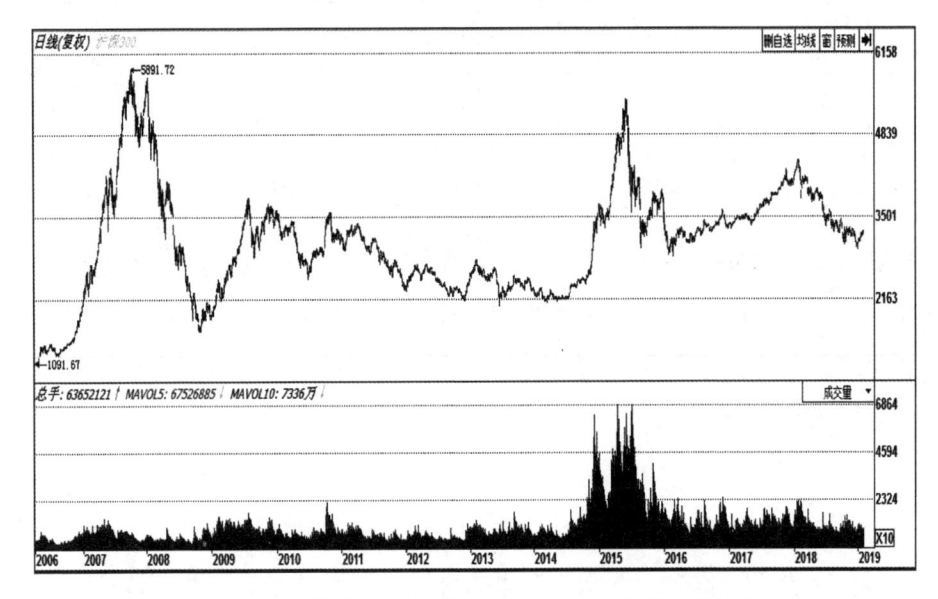

图6-6　沪深300指数（000300）日K线走势图

图6-6为沪深300指数日K线走势图。从图中可以看出，沪深300指数在十余年的震荡运行中，曾经随着整个股市的涨跌创出了若干个高点和低点。到了2019年年初的时候，尽管股市经历了较长时间的下跌，沪深300指数的点位仍然超过了3000点，相比沪深300指数创立时的点位，仍有200%以上的涨幅。

2. 沪深300指数的权重股

沪深300指数中权重最大的十只个股，如表6-1所示。

表6-1　沪深300指数十大重仓股

代码	简称	行业	权重（%）
601318	中国平安	金融地产	6.76%
600519	贵州茅台	主要消费	3.44%
600036	招商银行	金融地产	2.98%

代码	简称	行业	权重（%）
000333	美的集团	可选消费	2.03%
601166	兴业银行	金融地产	2.02%
000651	格力电器	可选消费	1.99%
601328	交通银行	金融地产	1.69%
600887	伊利股份	主要消费	1.47%
600016	民生银行	金融地产	1.46%
600030	中信证券	金融地产	1.44%

（资料来源：中证指数，截至2018年12月31日）

从表6-1中可以看出，金融地产类股票在沪深300指数中占据了较大的权重，这类股票的涨跌对整个指数的走势产生重要的影响。同时，沪深300指数中重仓股所占的权重会随着股价的波动发生变化，因而表6-1中前十大重仓股的排名也不是一成不变的。

3.沪深300指数的特点

沪深300指数具有以下四个特点。

第一，市值比较大。构成沪深300指数的300只个股的市值总额，占到沪深两市总市值的60%左右。也就是说，沪深300指数的走势在很大程度上会影响整个股市的运行。

第二，分布比较广。构成沪深300指数的300只个股分布在较为广泛的行业中。不过，由于沪深300指数中的300只个股均为市值较大的蓝筹股，因而金融股（包括银行、证券、保险等行业）在整个指数中占比较重，其次为工业股票和大消费类股票。

第三，整体市盈率较低，具有较佳的投资价值。沪深300指数中的蓝筹股较多，市盈率普遍较低，未来上涨空间较大，因而投资价值较大。

第四，与宽基指数的特点相同。由于沪深300指数中的标的股票较多，因而当个股出现大幅下跌时，整个指数受到的影响相对较少。

4.基于沪深300指数的基金

目前市场上以沪深300指数为跟踪标的的基金产品较多，自2003年第

第六章 指数型基金交易技术

一只以沪深 300 指数为标的的指数基金——博时裕富沪深 300A 成立至今，已经有几十只以沪深 300 指数为跟踪标的的指数型基金。

这类基金往往具有如下两个特点。

第一，基金净值波动与沪深 300 指数的波动完全一致。下面看一下嘉实沪深 300ETF 联接 A 的净值走势，如图 6-7 所示。

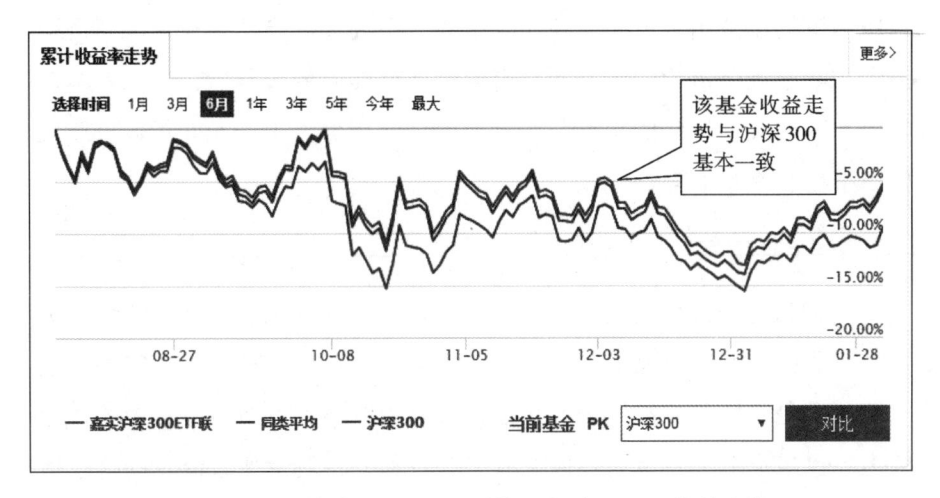

图 6-7　嘉实沪深 300ETF 联接 A 与沪深 300 指数走势

从图 6-7 中可以看出，嘉实沪深 300 指数累计收益率走势与沪深 300 指数走势基本吻合，这说明该基金基本达到了追踪沪深 300 指数的目标。从某种意义上来讲，指数型基金要达到的效果就是努力实现收益水平与追踪标的一致。

第二，在一些由权重股主导的行情中，往往表现比较优异。通常情况下，在牛市第一阶段，往往都是权重股引导整个行情，这与熊市持续较长时间后，市场普遍比较悲观有关。此时，一些中小盘股很难掀起较大的行情，权重股则会起到带领市场走出低谷的作用。当然，在牛市中后期，中小盘股票会出现更大幅度的上攻。

5. 沪深 300 指数与其他宽基指数对比

尽管同属于宽基指数，但各类宽基指数因其所含股票数量以及选取标的的范围不同，也会具有不同的投资指示含义。

第一，缩小的宽基指数。除了沪深300指数外，上证50指数、深证100指数等指数同样也具有指引大盘走势的意义。由于上证50指数、深证100指数包含股票数量相对较少，指数受权重股影响相对较大。不过，大盘股、权重股的波动往往相对较小，抗跌能力也更强。

第二，分类别的宽基指数。除了以大盘股为核心的宽基指数外，还有一些有所偏重的宽基指数，如中证500指数。中证500指数是在沪深两市中剔除沪深300指数所包含的股票和总市值排名前300的股票后，选取其中市值排名前500的股票构建的指数。相对沪深300指数，中证500指数更能反映一些中小盘股票的走势。

二、行业指数

行业指数是一种典型的窄基指数，是特指一些反映各个行业涨跌情况的指数。行业指数的走势除了与整个经济大环境有关外，还与行业的小气候有关。例如，白酒行业的景气程度往往具有较为明显的季节特征；旅游行业指数的走势也与季节和黄金周等假期有关。目前，市场上比较流行的行业指数包括白酒行业指数、医药行业指数、消费行业指数等。下面以中证主要消费指数为例，介绍其指数构成及交易含义。

1. 中证主要消费指数及其构成

中证主要消费指数是由中证800指数样本股中的主要消费行业股票组成，以反映该行业公司股票的整体表现。中证主要消费指数创立于2004年12月31日，并以2004年12月31日作为基日，基日点位为1000点。中证主要消费指数是由中证指数公司发布的，沪深两市都分别为其赋予了相应的代码：上海证券交易所的代码为000932，深圳证券交易所的代码为399932。如图6-8所示。

图6-8为中证主要消费指数日K线走势图。从图中可以看出，中证主要消费指数在十余年的震荡运行中，曾经随着整个股市的涨跌创出了若干个高点和低点。在2018年年初时段，该指数一度上涨至14049.12点，说明该指数在十多年的时间里已经上涨了14倍。到了2019年年初的时候，尽管股

市经历了较长时间的下跌，中证主要消费指数的点位仍然超过了 9000 点，这说明相比于该指数创立时的点位，仍有 800% 以上的涨幅。

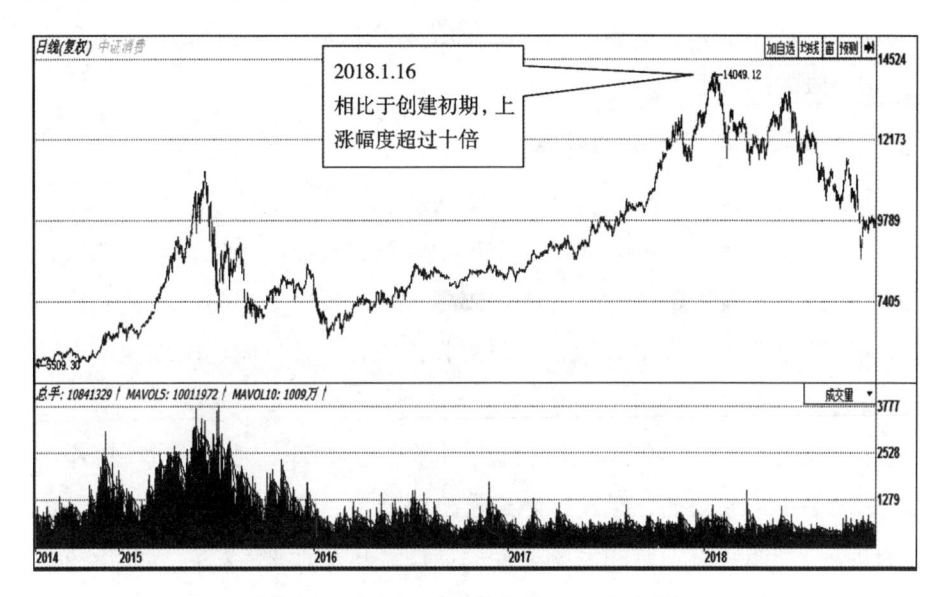

图 6-8 中证主要消费指数日 K 线走势图

2. 中证主要消费指数的十大权重股

中证主要消费指数中权重最大的十只个股如表 6-2 所示。

表 6-2 中证主要消费指数十大重仓股

代码	简称	行业	权重（%）
600519	贵州茅台	主要消费	16.45%
600887	伊利股份	主要消费	14.9%
000858	五粮液	主要消费	12.63%
603288	海天味业	主要消费	6.37%
002304	洋河股份	主要消费	6.35%
000568	泸州老窖	主要消费	3.41%
601933	永辉超市	主要消费	3.34%
000895	双汇发展	主要消费	2.64%
002714	牧原股份	主要消费	2.30%
600438	通威股份	主要消费	2.22%

（资料来源：中证指数，截止 2018 年 12 月 31 日）

从表 6-2 中可以看出，白酒类股票在中证主要消费指数中占据了较大的权重，这类股票的涨跌将会对整个指数的走势产生重要的影响。同样，中证主要消费指数中重仓股所占的权重会随着股价的波动发生变化，表 6-2 中前十大重仓股的排名也不是一成不变的。

3. 中证主要消费指数的特点

中证主要消费指数具有如下三个特点。

第一，受权重股影响较大。从中证主要消费指数的十大重仓股来看，排名前几位的重仓股占整个指数的比重较高，累计超过了 70%。也就是说，该指数的走势受这十只权重股的影响非常大，若其中某只股票出现大幅下跌，指数将会受到牵连。

第二，因国内人口众多，受外部因素影响相对有限。我国人口基数较大，吃饭喝酒是不可或缺的，无论国际经济形势如何，该类指数以及依托于该类指数的基金都能获得不错的涨幅。换句话说，从长远来看，消费型指数基金的上涨潜力还是非常大的。

第三，该类指数中绩优股、白马股较多。该类基金的前十大权重股无一例外全部属于绩优股。

4. 基于中证主要消费指数的基金

目前，市场上以消费行业指数为基准的指数基金品种较多，各有侧重。有的消费行业指数基金是以中证主要消费指数为基准的，有的基金是以中证可选消费指数为基准的，有的基金则以主要消费和可选消费指数混合为基准。基于中证主要消费指数的基金主要包括嘉实中证主要消费 ETF 基金、汇添富主要消费 ETF 基金等。这里以汇添富主要消费 ETF 基金为例进行介绍。

这类基金往往具有如下两个特点。

第一，由于消费行业在过去几年里的发展势头一直很猛，因而以消费行业指数为基准的基金，收益也普遍好于大盘指数。如图 6-9 所示。

从图 6-9 中可以看出，汇添富中证主要消费 ETF 基金的净值走势在 2016 年以前与上证指数走势基本一致。从 2016 年年初开始，汇添富中证主要消费 ETF 基金的净值走势逐渐开始加快上涨步伐，并且与上证指数的距离越来越大，说明该基金的走势越来越趋于强势。

图 6-9　汇添富中证主要消费 ETF 基金与上证指数走势对比

第二，通常情况下，由于消费行业提供的产品是人们日常生活中不可或缺的，因而该类基金相比宽基指数基金往往具有更强的抗跌能力。也就是说，通常情况下，在一波熊市启动初期，消费行业指数基金往往不会追随其他基金呈现出明显的下跌态势，甚至可能还会延续一段时间的上升走势。

5. 消费行业指数与其他行业指数的比较

在行业指数基金投资领域，除了消费行业指数基金外，白酒指数基金、金融指数基金、互联网指数基金也是常见的行业分类基金品种。这些指数基金一方面与消费行业指数基金一样，也受制于整个大盘的走势，另一方面还会受到行业自身特点的影响。例如，在互联网热潮下，互联网指数基金的收益必然会放大。

在实战中，投资者可根据行业特点，结合整个社会的经济形势，合理选择行业指数基金，并进行适当的跨行业转换，以博取最大的利益。

三、策略指数

目前市场上主流的指数基金多是以某一类股票的市值加权为依据设计出来的，这些基金有一个共同的特点，即只有指数上升时基金才能盈利。也就是说，这些基金都是单边做多形式的基金品种。如前面介绍过的沪深300指数，该指数就是根据所构成股票市值的大小确定该只股票占整个指数的权重的，例如中国平安、工商银行等超级大盘股，在该指数中所占的权重都比较大，当这些股票价格上涨时，与这些指数相连接的基金才会同步盈利；反之，当这些股票价格下跌时，这些基金都会出现亏损。

与主流基金不同，市场上还有一类策略型基金。从基金的名称中就可以发现，这些基金往往会从特殊的角度来选择目标股票。目前，市场上常见的策略型基金包括基本面指数基金、红利指数基金、低波指数基金等。下面以中证红利指数基金为例，简单介绍一下策略型基金。

1. 中证红利指数及其构成

中证红利指数是选取沪深两市中现金股息率最高、分红稳定、具有一定规模及流动性的100只股票组成的。该指数以股息率高低作为指数权重分配的依据，反映了沪深两市中高红利股票的整体走势情况。

中证红利指数创立于2004年12月31日，并以2004年12月31日作为基日，基日点位为1000点。中证红利指数是由中证指数公司发布的，沪深两市都分别为其赋予了相应的代码：上海证券交易所的代码为000922，深圳证券交易所的代码为399922。如图6-10所示。

图6-10为中证红利指数日K线走势图。从图中可以看出，在十余年的震荡运行中，中证红利指数曾经随着整个股市的涨跌创出了若干个高点和低点。在2015年年中时段，该指数一度上涨至6267.34点，说明该指数在十多年的时间里上涨了六倍多。到了2019年年初的时候，尽管股市经历了较长时间的下跌，中证红利指数的点位仍然超过了4500点，相比于该指数创立时的点位，仍有450%以上的涨幅。

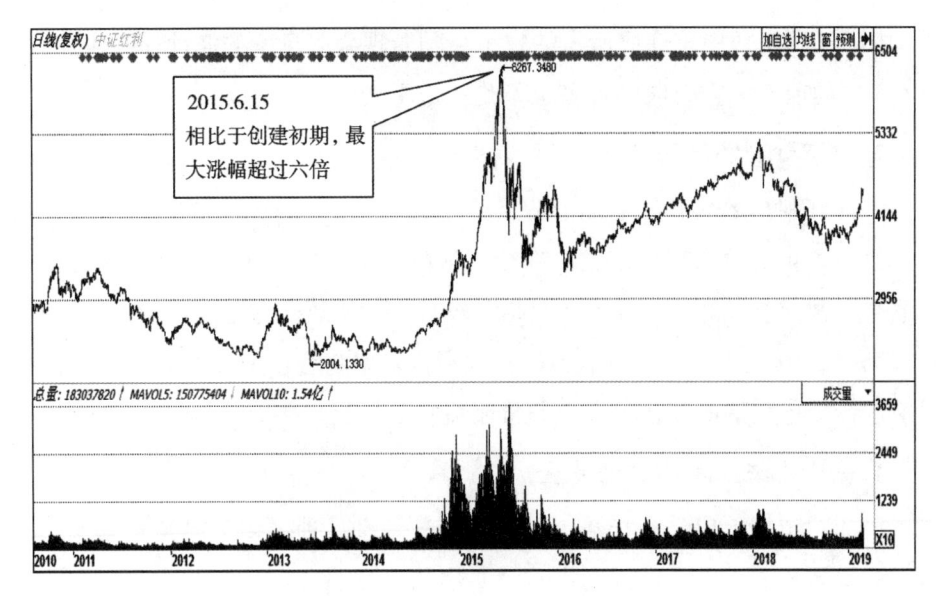

图 6-10 中证红利指数日 K 线走势图

2. 中证红利指数十大权重股

表 6-3 中证红利指数十大重仓股

代码	简称	行业	权重（%）
000500	江铃汽车	可选消费	3.83%
601088	中国神华	能源	2.33%
600664	哈药股份	医药卫生	2.22%
600507	方大特钢	原材料	2.08%
002601	龙蟒佰利	原材料	1.71%
002367	康力电梯	工业	1.59%
603328	依顿电子	信息技术	1.47%
601566	九牧王	可选消费	1.45%
600104	上汽集团	可选消费	1.45%
600873	梅花生物	主要消费	1.44%

（资料来源：中证指数，截至 2018 年 12 月 31 日）

从表 6-3 中可以看出，中证红利指数中各股票分布的行业相对比较分散。也就是说，无论何种行业，都可能存在经营业绩较佳且分红较高的企业。同样，中证红利指数中重仓股所占的权重会随着现金股息率的波动而产生变化，表 6-3 中的前十大重仓股的排名也不是一成不变的。

3. 中证红利指数的特点

中证红利指数具有如下几个特点。

第一，行业分布比较广泛。在分红最高的 100 家公司中，消费品行业、房地产金融行业、工业领域的企业相对较多，但其他行业也占据较大的份额。

第二，中证红利指数的走势与上证指数基本吻合，但又明显强于上证指数的走势，特别是最近几年表现非常明显。

4. 基于中证红利指数的基金

目前，市场上以红利指数为基准的指数基金品种较多，但各有侧重。有的红利指数基金是以中证红利指数为基准的，有的基金是以上证红利指数为基准，有的基金则以深证红利指数为基准。其实，这些基金运作的本质都是相似的，只是选取标的的范围稍有不同而已。基于中证红利指数的基金主要包括大成中证红利指数基金、万家中证红利指数基金等。这里以大成中证红利指数基金为例进行介绍。

这类基金往往具有如下两个特点。

第一，近些年来，由于市场上的投资者越来越重视价值投资，越来越关注股票的投资回报问题，因而大成中证红利指数基金的收益率在最近几年开始与上证指数拉开距离。

如图 6-11 所示，大成中证红利指数基金的走势在 2015 年 6 月 15 日之前与上证指数的走势基本吻合。其后，该基金与上证指数一同经历了一波暴跌走势，在指数反弹向上运行时，大成中证红利指数基金与上证指数之间的距离越来越大，这说明市场上的资金越来越青睐于高分红的股票。其实，这也是价值投资逐渐回归的一种体现。

第二，通常情况下，高分红的股票往往都会有相对更高的业绩作为支撑，因而相对其他股票也更为抗跌。

图 6-11 大成中证红利指数基金与上证指数的走势对比图

5.红利指数与其他策略指数比较

在策略指数基金投资领域，除了红利指数基金外，基本面指数基金也是常见的策略类基金品种。这些指数基金与红利指数基金相似，也是加入了基本面分析指标作为分析的权重。这些基金同样受制于整个大盘的走势。

在实战中，投资者可根据个人偏好选择合适的策略型指数基金。

四、其他类型指数

除了前面介绍的各类指数型基金外，投资者还可以通过购买基金的方式投资境外的指数型基金。与A股市场的指数型基金相似，这些指数型基金也是以对应的指数为参照标的的。

目前，主要的指数包括以下几种。

1.H股指数

H股指数是一种相对比较特殊的指数。H股指数包含的企业均为内地企业，而其上市地则在香港。当然，也有一些企业选择在内地和香港同时上市。H股指数全称是恒生中国企业指数和国企指数。该指数由香港恒生银行全资附属的恒生指数服务有限公司编制，是以香港股票市场中的 33 家上市股票为成份股样本，以其发行量为权数的加权平均股价指数，也是反映香港股市价格趋势最有影响的一种股价指数。

这里投资者需要将 H 股指数与恒生指数作一下区分。恒生指数是综合反映香港股市总体运行状况的一个指数，而 H 股指数反映的是在香港上市的国内企业（多数为国企，所以该指数也被称为国企指数）运行状况的一个指数。

H 股指数中，金融股占据了优势地位，前十大权重股中，多数为银行股、保险股等金融类股票以及中国石油和中国石化等超级大盘股。

以 H 股指数为参照的基金主要包括嘉实恒生中国企业、易方达恒生 H 股 ETF、易方达恒生 H 股 ETF 连接人民币等。图 6-12 所示为嘉实恒生中国企业基金的走势与上证指数走势对比图。

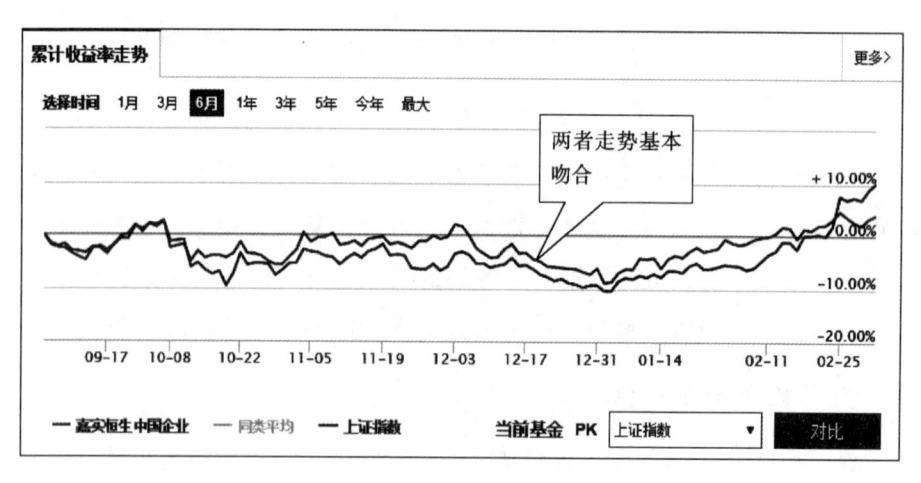

图 6-12　嘉实恒生中国企业基金与上证指数走势对比图

从图 6-12 中可以看出，嘉实恒生中国企业基金的净值走势与上证指数走势基本一致。这种走势说明，在港上市企业的股票与内地上市企业的股票走势基本相吻合，毕竟处于相同的大环境之中，而且很多权重股还是 A 股和 H 股同步上市，这就使得 H 股指数的走势与上证指数走势更加趋于一致。

2. 纳斯达克 100 指数

纳斯达克（NASDAQ）是美国全国证券交易商协会于 1968 年创建的自

动报价系统名称的英文简称，目前已经成为全球最大的证券交易市场。纳斯达克综合指数是反映纳斯达克证券市场行情变化的股票价格平均指数。同时，为了更好地反映一些行业股票价格的波动情况，纳斯达克市场还推出了一系列各具特点的指数，纳斯达克100指数是其中最著名的一只。

作为纳斯达克的主要指数，纳斯达克100指数中的100只成分股均具有高科技、高成长和非金融的特点，可以说是美国科技股的代表。比如大家熟知的苹果电脑、微软、谷歌、思科、英特尔等公司的股票，都属于该指数的权重股。

由于内地投资者无法直接购买美股，因而通过基金公司购买纳斯达克100指数基金就成了一个不错的选择。目前，市场上以纳斯达克100指数为参照标的的基金品种主要包括大成纳斯达克100指数基金、广发纳斯达克100ETF基金、国泰纳斯达克100基金、易方达纳斯达克100人民币等。

下面来看一下国泰纳斯达克100指数基金与上证指数的走势对比情况，如图6-13所示。

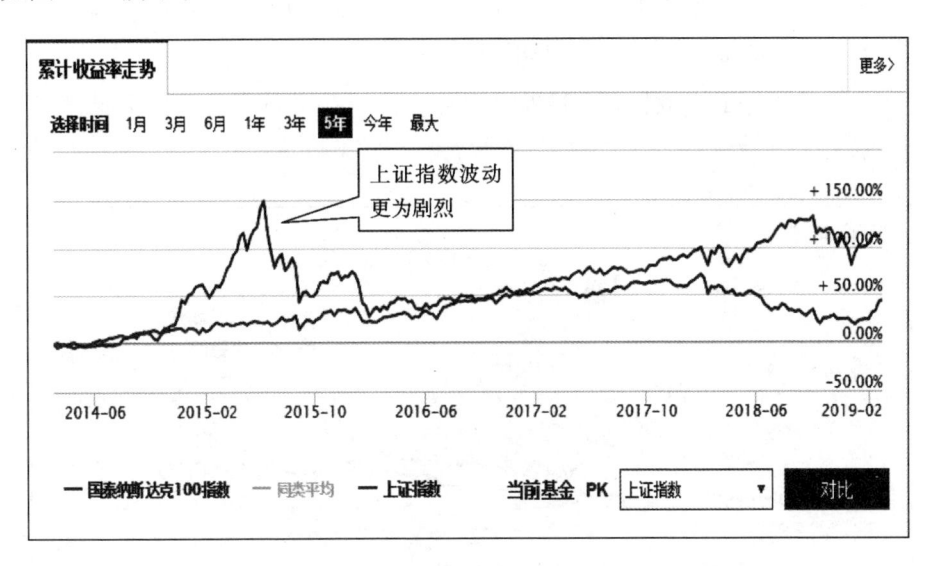

图6-13　国泰纳斯达克100指数基金与上证指数走势对比图

从图6-13中可以看出，国泰纳斯达克100指数基金的走势相对上证指数来说更为平稳，长期处于上升态势中，这也与美国股市相对成熟有关。我国A股市场发展时间还很短，投资者缺乏专业的知识和经验，所以指数波动比较剧烈，更显得情绪化。同时，从更长的时间来看，纳斯达克100指数的运行趋势属于更为明确的上升趋势，上证指数则具有典型的波段起伏。从这个角度来说，如果想长期持有指数基金，选择以纳斯达克100指数为参照标的的基金是一个不错的选择。

3. 标准普尔500指数

标准普尔是世界上最具权威性的金融分析机构，由普尔先生在1860年创立。标准普尔500指数是记录美国500家上市公司的一个股票指数，这个股票指数由标准普尔公司创建并维护。标准普尔500指数覆盖的所有公司，都是在美国主要交易所如纽约证券交易所、纳斯达克交易所交易的上市公司。

同时，标准普尔500指数也是巴菲特最为推崇的一个指数。该指数的权重股既包括像微软、苹果电脑、IBM等科技公司，还包括摩根大通、高盛、可口可乐、通用电气等诸多大企业。

目前，市场上以标准普尔500指数为参照标的的基金品种主要包括大成标普500指数基金、博时标普500ETF基金等。

下面来看一下大成标普500指数基金与上证指数的走势对比情况，如图6-14所示。

图6-14 大成标普500指数基金与上证指数走势对比图

从图 6-14 中可以看出，大成标普 500 指数基金的走势相对上证指数来说更为平稳，长期处于上升态势中，这也与纳斯达克指数的走势极为相似。从更长的时间来看，标普 500 指数的运行趋势属于更为明确的上升趋势，上证指数则具有典型的波段起伏。从这个角度来说，以标普 500 指数为参照的基金品种也是长线投资者可选的标的之一。

第四节 如何挑选指数型基金

相对于其他股票型基金，指数型基金更为被动，不容易受人为因素的影响，但在指数型基金内部也细分成若干类，而各类指数型基金的收益也不尽相同，这就需要投资者根据自身的投资习惯与偏好做出科学、合理的选择。

一、指数基金、增强型指数基金、ETF 基金、ETF 联接基金

在挑选指数基金之前，投资者需要先了解一下指数型基金大家族里的四类基金，即普通的指数基金、增强型指数基金、ETF 基金、ETF 联接基金。

首先来看一下指数型基金和增强型指数基金。

指数型基金是以相应的指数为参照标的的基金品种，该基金以与指数涨跌同步为投资目标。该类基金并不需要基金管理者主动考虑投资标的，只需按照指数的股票构成及占比配置资金即可。增强型指数基金则与此不同，该类基金的管理者在跟踪指数的同时，试图超越指数的收益幅度，因而其会对构成指数的股票以及权重占比进行适度的调整。当然，这种调整会控制在一定的幅度之内，以免收益偏离指数太多。

下面看一下景顺长城沪深 300 增强型指数基金与沪深 300 指数走势的对比情况，如图 6-15 所示。

图 6-15　景顺长城沪深 300 增强型指数基金与沪深 300 指数走势对比图

从图 6-15 中可以看出，景顺长城沪深 300 增强型指数基金的波动态势与沪深 300 指数基本一致。从长期来看，景顺长城的走势更为强势，说明该基金运作情况尚佳，确实能够超越沪深 300 指数的收益。

再来看 ETF 基金和 ETF 联接基金。

前面介绍过，ETF 基金就是交易型开放型指数基金，即投资者不仅可以通过基金公司或基金销售机构申购该类基金，还可以通过二级市场像交易股票一样交易该基金。在二级市场交易该基金，只需像购买股票一样缴纳交易费用，无需支付申购与赎回的费用。

ETF 联接基金则是一种比较特殊的基金了。通常情况下，投资者在场外申购 ETF 基金相对比较麻烦，很多机构还有最低限额方面的规定。若是进行场内交易，则需要通过证券公司开户，这对于很多投资者来说无疑增加了一个障碍，ETF 联接基金则可以帮助投资者解决这个问题。ETF 联接基金的本质是，基金公司拿到投资者申购基金的钱后去购买 ETF 基金，也就是说，由基金公司帮助投资者投资 ETF 基金，这样就可以帮助投资者解决投资 ETF 基金的障碍。借助 ETF 联接基金，投资者可以像申购其他基金一样申购 ETF 基金了。当然，ETF 联接基金与 ETF 基金还稍有不同，它必须向普通股票型基金一样预留 5% 的现金以应付投资者的赎回，而 ETF 基金则将全部资金投入股票，不做任何预留，因为投资者若要赎回基金，则需向基金公司提供等量的股票。

二、宽基指数还是窄基指数

宽基指数和窄基指数是指数型基金最重要的两个分类，几乎所有的指数型基金都可以分到这两个类别之下。换句话说，投资者选择指数型基金时，面临的第一个问题就是，到底应该选择宽基指数基金还是窄基指数基金。

如果打个比方，宽基指数基金就如同是大盘指数，窄基指数基金就如同是个股。从长远的经济发展角度来考虑，大盘指数肯定是会上行的，毕竟经济一定是向前发展的。但个股就不一定了，有些个股可能会取得比大盘高出若干倍的涨幅，有些个股也可能会落后于整个大盘。

由于宽基指数包含的样本股票涉及的领域、行业非常广泛，因而当个别行业或领域的股票出现剧烈波动时，宽基指数因其涵盖的领域足够广泛，就会抵消这种剧烈的波动，使得指数整体走势趋于平稳。反之，窄基指数则会因为所处领域的利好或利空消息出现较大幅度的上涨或下跌走势。下面来看一下白酒概念指数与沪深 300 指数的走势对比情况，如图 6-16 所示。

从图 6-16 中可以看出，白酒概念指数的波动非常剧烈，沪深 300 指数的波动就要小很多。在一些时期，白酒概念指数具有明显的上攻行情，而且这种行情展开时，其涨幅要远远超过沪深 300 指数。反之，当白酒概念指数下跌时，其下跌幅度也会远远超过沪深 300 指数。

其实，这两个指数之间的运行关系可以说明宽基指数和窄基指数之间的关系。对于投资者来说，选择宽基指数基金就选择了相对稳定的一个投资品种。窄基指数基金在某些时段可能会出现幅度较大的上涨，而另外一些时段又可能出现幅度较大的下跌。当然，在单边下跌或单边上涨的市场格局中，无论宽基指数还是窄基指数，都会同步出现上涨或下跌的行情。

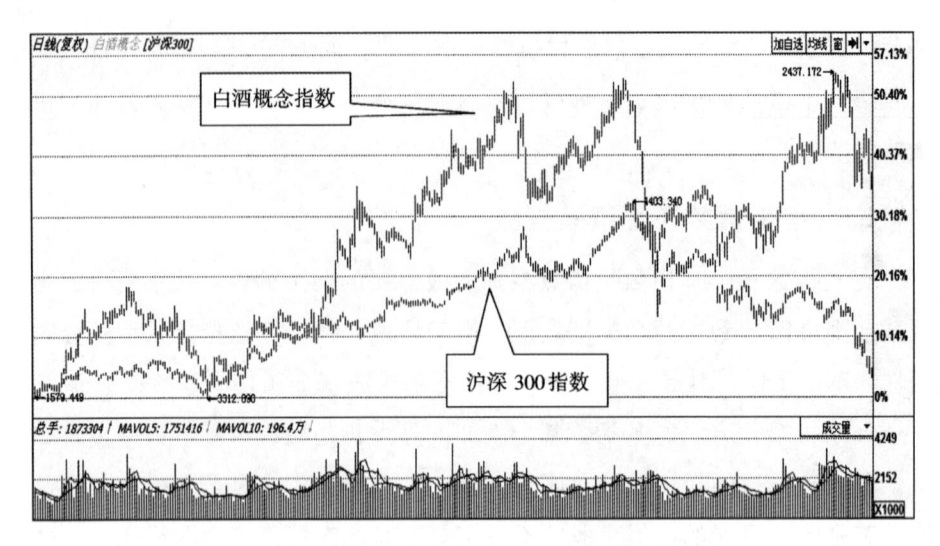

图6-16　白酒概念指数与沪深300指数走势对比图

三、如何挑选窄基指数型基金

前面介绍了窄基指数和窄基指数型基金的特征。相比宽基指数基金，窄基指数型基金的走势更难把握，也更具有行业或概念的特征。投资者若要选择窄基指数型基金，需要了解以下几点。

1. 人口众多

这是我们面对的所有问题的根本出发点。当然，人口众多带来的不仅仅是挑战和困难，也有机遇和发展契机。

第一，能源与资源方面。

由于人口众多，地球上所能使用的资源又十分有限，这就使得新能源的开发与利用将会成为未来相当长时间的主线。清洁能源、核能、新兴能源的开发与利用，都可能产生一批业绩较佳的成长股。

第二，消费方面。

人口众多，消费品的需求就永远不会过时。也就是说，无论现在还是未来，快速消费品行业都会处于成长期。当然，这并不意味着所有快速消费品企业的业绩都会有较快的增长，毕竟消费者的口味也是不断变化的。只有能够紧跟消费者口味变化的企业，才能在未来的竞争中取胜。

2. 经济发展，消费升级

随着经济的不断发展，人们的生活水平不断提高，人们的消费结构、消费质量和消费层次也在不断提升。在未来相当长一段时间内，消费结构升级将会催生相当多的成长型企业。2018年以来的消费结构升级，主要涉及医疗健康产业、教育产业、娱乐文化产业、交通、住宅与旅游等产业。同时，个人差异化需求也会催生很多与众不同的、与通常所理解的企业业务不同的新兴企业。

3. 人工智能，科技革命

在人类发展历史上，已经进行了多次科技革命，未来还会有若干次的科技革命，且每次科技革命间隔的时间会越来越短。以人工智能、生物工程、电子信息技术为代表的新的科技革命，将会给人类带来多大的影响，目前还是个未知数。不过有一点可以肯定，那就是多个领域的革命性进步将会催生出若干家成长型企业，如生物工程技术、人工智能技术、移动支付技术、量子信息技术等。

换句话说，若一些窄基指数型基金属于上述行业或领域时，未来往往可能获得更好的业绩，也会有更好的发展。当然，并不是说其他领域的窄基基金一定会落后于这些领域，只是上述领域相对更容易出现比较优秀的上市公司，从而带动整个行业或概念指数上行。

四、货比三家，性价比高才是王道

有时候，投资者选定了某一指数后，在选择具体的指数型基金产品时，还是会遇到一些困难。通常情况下，对应同一指数的基金产品有很多，而且同一基金公司旗下也可能会细分出若干类别，如嘉实沪深300 ETF、嘉实沪深300 ETF联接以及嘉实沪深300指数研究增强等。

追踪同一指数的各个基金公司的基金产品，收益基本上不会出现太大的偏差。也就是说，只要追踪的是同一指数，那么各家公司基金产品的收益不会相差太多。但是，我们还是要注意这样几方面的问题。

第一，费用。

尽管申购赎回费用以及持仓费用占整个资金量很小的一个份额，但基金投资毕竟是一种积少成多的活动，投资者需要选择费用较低的基金公司或基金销售机构。

前面介绍过，目前基金销售渠道有很多，每家销售机构给出的费用折扣有所不同。例如，常规的指数型基金的申购费用在 1.2% 到 1.5% 之间，但不同销售机构给出的折扣可能在一折到四折之间不等。其实，这已经是一个不小的差别了，尤其是对于资金量较大且交易较为频繁的投资者来说。

不同基金公司、相似产品的申购费用、托管费用也可能存在差异，投资者在申购基金之前要仔细分析判断，选择费用最低的基金。

第二，规模。

基金规模一定程度上反映了基金公司的整体运营情况。通常情况下，运营情况良好的基金，投资者会不断地加仓，从而使基金规模不断增加。反之，一些基金运营情况不佳，可能会促使投资者不断地赎回。

投资者在选择基金产品时，要分析一下这些基金产品的当前规模情况，以及初期募集规模，并对两者进行对比，最好远离那些规模严重萎缩的基金产品。

第三，同一基金产品分析 A 类份额与 C 类份额的费用。

投资者要申购某一基金产品时，若该基金品种又细分为 A 类和 C 类，投资者还要仔细评估自身投资计划与产品各类别之间的费用差别。例如，有的基金产品 A 类份额的费用主要在申购阶段，C 类份额可能在销售服务费用方面，这对投资计划不同的投资者来说，是有不同意义的。有的投资者想要短线持有基金，则 C 类产品更为有利；对于想要长期持仓的投资者来说，A 类产品的费用更为低廉。

第五节 ETF 基金及其交易机制

ETF 基金是一种相对比较特殊的基金品种，该基金兼具了指数型基金、封闭型基金的优势与特色。投资者可以通过场内和场外两个渠道交易该基金，即投资者可以像交易股票一样交易 ETF 基金的份额，也可以通过基金公司营业部申购或赎回该基金。不过，在申购该基金时，必须提供相应的股票及现金，从基金公司赎回的也将是股票。

下面详细讲述 ETF 基金的交易及套利技巧。

一、ETF 基金及其申购

ETF 基金的认购、申购与赎回规则与普通基金产品不同，具体来说，包括以下几个方面。

1.ETF 基金的认购

投资者可以通过证券公司营业部柜台、电话委托、证券公司的网上交易系统，以现金方式或股票实物方式认购 ETF 基金。具体方法如下。

（1）网上交易系统认购。持有证券账户的投资者，可利用电话委托、网上证券交易系统等，直接以现金的方式认购 ETF 基金。当然，通常情况下，基金认购的最低限额为 1000 份或其整数倍。

（2）网下认购。投资者可持有证券账户通过证券公司各营业网点使用现金或股票认购基金份额。按照相关规定，投资者可通过持有的相关股票的金额申购相应的基金份额。当然，投资者提供股票的市值金额是需要按照基金管理人的计算方法计算得出的。

换句话说，投资者认购 ETF 基金一般都是通过证券公司再转入基金公司确认份额的，毕竟若是通过实物认购，只有证券公司能够帮助确认所持仓的股票及数量。

2.ETF 基金的申购与赎回

ETF 基金的申购与赎回包括以下两种方式。

（1）提供一篮子股票换取 ETF 份额，赎回 ETF 获得一篮子股票。投资者若要申购 ETF 基金份额，其实也不需要一只股票一只股票地去买，在很多开通 ETF 申购与赎回功能的证券公司网上交易系统中，投资者只需点击相应的申购 ETF 的选项，输入 ETF 基金代码，系统会自动列出该指数所包含的全部股票及所需数量清单（PCF 清单），投资者一键即可完成一篮子股票的申购，然后就可以转换成 ETF 份额了。

由于 ETF 基金份额的初始净值为每份 1 元，而一篮子股票的价值少则十几万元，多则几十万元，因而投资者通过股票申购 ETF 基金份额所需的资金往往都比较高。

按照 ETF 基金的申购与赎回程序，投资者提供相应的证券向证券公司发送申购请求后，证券公司会将指令传送至交易所，然后再转入基金公司。基金公司同意后，再传回至交易所，反馈给证券公司，完成基金的申购操作。其申购过程如图 6-17 所示。

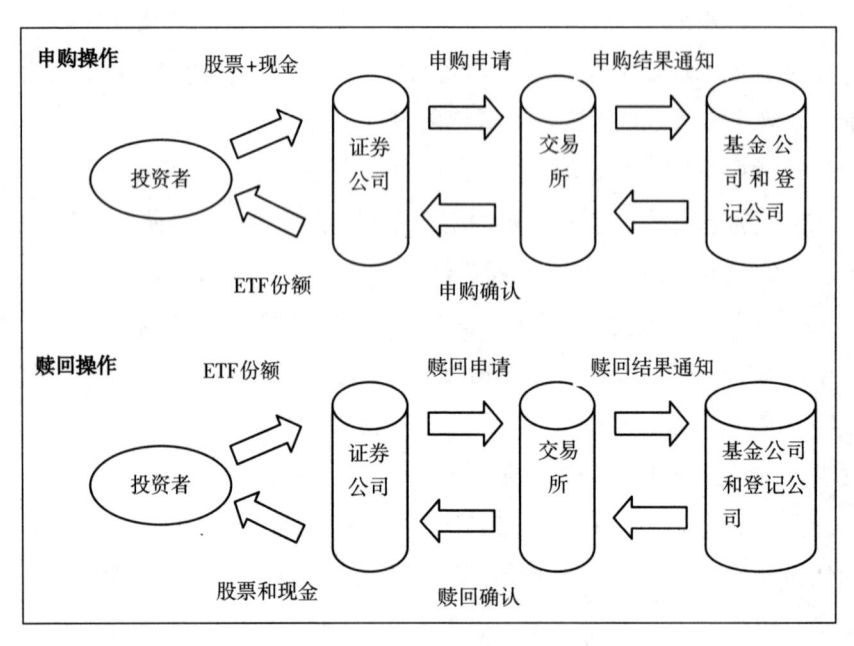

图 6-17 ETF 基金申购与赎回流程

第六章 指数型基金交易技术

当然，这个 PCF 清单投资者可以从沪深交易所中的 ETF 专区查询获得。该清单是一个动态调整的清单，并不是一成不变的。该清单中会列出该 ETF 基金三个成份证券的名称、证券代码及数量、现金替代溢价比例、固定替代金额和现金替代标志等信息。如图 6-18 所示。

最新公告日期	2019-03-08
基金名称	易方达沪深300医药交易型开放式指数证券投资基金
基金管理公司名称	易方达基金管理有限公司
一级市场基金代码	512011
2019-03-07日内容信息	
现金差额(单位:元)	¥2706.57
最小申购、赎回单位净值(单位：元)	¥1580639.57
基金份额净值(单位:元)	¥1.5806
2019-03-08日内容信息	
最小申购、赎回单位的预估现金部分(单位:元)	¥4533.57
现金替代比例上限	50%
申购上限	无
赎回上限	300000000
是否需要公布IOPV	是
最小申购、赎回单位(单位:份)	1000000
申购赎回的允许情况	申购和赎回皆允许

成份股信息内容

证券代码	证券简称	股票数量(股)	现金替代标志	现金替代溢价比率	替代金额(单位:人)
000423	东阿阿胶	1000	深市退补	10%	46·
000538	云南白药	1100	深市退补	10%	94·
000661	长春高新	300	深市退补	10%	74·
000963	华东医药	1500	深市退补	10%	46·

图 6-18 医药 ETF 申购赎回清单

从图 6-18 中可以看出，该 ETF 基金对最小申购单位、现金替代比例以及成份股构成都做了详细的说明，投资者只需按照该清单的要求准备股票就可以申购 ETF 基金了。

图中的现金替代标志大致分为四类：禁止现金替代、允许现金替代、必须现金替代和退补现金替代。

A. 禁止现金替代。即该投资者必须使用股票向交易所申购 ETF 基金，不能用现金替代。有些时候，ETF 基金中的成份股进行配股期间，基金公司为了维护持有基金的投资者的利益，会选择禁止现金替代的标示，要求申购

- 153 -

ETF 基金的投资者必须提供成份股股票。2010 年 3 月，招商银行在配股期间，基金公司就将该股票的标示设置为"禁止现金替代"了。

B. 允许现金替代。也就是说，投资者可以选择用现金替代股票来申购 ETF 基金。不过，用现金替代股票时，投资者必须支付一定的溢价款，毕竟股价处于波动之中。基金公司设置的溢价比例一般为 10% 左右。目前，大多数 ETF 基金的成份股，投资者都可以用现金替代，不过，对于想要借助 ETF 基金套利的投资者而言，现金替代并不是好事，毕竟溢价款也不少。

C. 必须现金替代。投资者申购 ETF 基金时，必须用现金替代该成份股的股票。通常情况下，当该股票出现停牌或某些异常时，基金公司出于保护投资者利益的角度考虑，往往会选择使用"必须现金替代"标示。

D. 退补现金替代。目前，ETF 基金既有在沪市上市的，也有在深市上市的。ETF 基金包含的成份股可能跨越两个交易所，例如沪深 300ETF 基金，就涵盖了两个交易所上市的股票。在沪市上市的 ETF 基金中，若成份股中含有深市上市的股票，投资者若申购该基金，则需提供相应的现金，由基金公司代为购买深市的股票，多退少补，这就是该类股票中"退补现金替代"的含义。

（2）直接在二级市场购买 ETF 份额。投资者可以像购买股票一样，在二级市场通过网上交易系统直接购买 ETF 基金份额。

二级市场交易 ETF 基金的规则与股票相似，最低买入量为 1 手（1 手 =100 份），每日涨跌停限制为 ±10%，ETF 基金最小报价单位为 0.001 元。与交易股票不同的是，交易 ETF 基金或其他基金品种是不需要缴纳印花税的，因为基金公司在买卖股票时已经交过一次印花税了。

二级市场上 ETF 基金的净值报价是随着股票价格的波动实时更新的，市场上的交易价格则会因为买卖双方的交易行为出现波动，不过，这种波动总体上是围绕净值展开的。图 6-19 所示为 300ETF 基金的分时走势。

从图 6-19 中可以看出，沪深 300ETF 基金的最新报价基本上是围绕净值上下波动的，二者之间的差距很小。若两者之间出现较大的落差，会导致套利者进行套利操作，促使最新报价重新向净值回归。

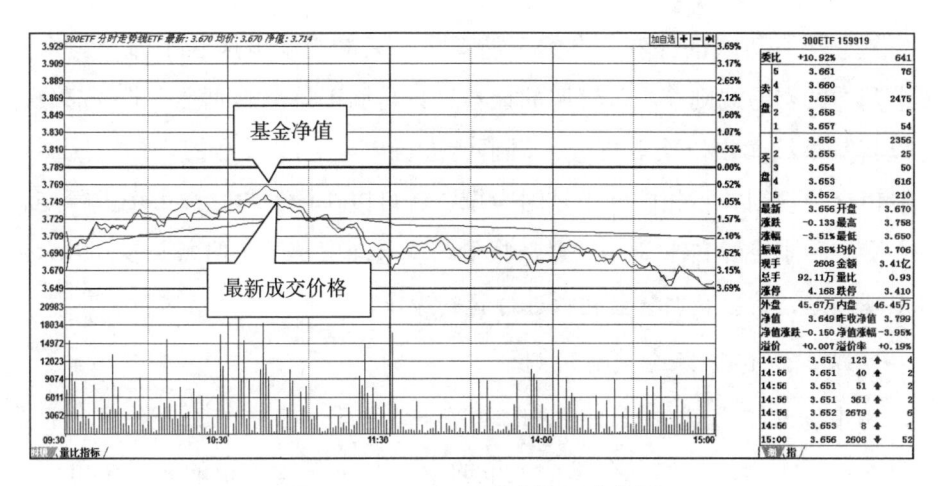

图 6-19 300ETF 基金分时走势图

二、ETF 基金交易规则

ETF 基金交易因基金内部股票构成的不同而有所不同。

1. 单市场 ETF 基金交易规则

在 ETF 基金中，有一些基金品种包含的股票属于单一的证券交易所，即上海证券交易所或深圳证券交易所。例如，上证 50ETF 基金包含的股票全部属于上海证券交易所，易方达创业板 ETF 基金包含的股票全部属于深圳证券交易所。这类单市场的 ETF 基金申赎操作相对简单，其基本交易规则如下。

第一，当日申购的基金份额，同日可以卖出，但不得赎回。

第二，当日买入的基金份额，同日可以赎回，但不得卖出。

第三，当日赎回的证券，同日可以卖出，但不得用于申购基金份额。

第四，当日买入的证券，同日可以用于申购基金份额，但不得卖出。

其实，前两条规则通俗地解释，就是在场内或场外不能进行 T+0 操作，但可以进行变相 T+0 操作。即在二级市场内买入的基金份额，可以同日在场外赎回基金份额。同样，在场外申购的基金份额，也可以同日在二级市场内卖出。但在二级市场内买入的基金份额不能同日在二级市场内卖出，在场外申购的基金份额也不能同日再进行赎回操作。

至于当日买入的证券，自然不能卖出，只能用于申购 ETF 基金，这是股市基本的交易规则；当日赎回的证券，只是属于整个赎回操作的一部分，可以将其继续卖出以换取现金，但不能进行申购 ETF 基金的操作，这一点与股市交易规则并不相同。正是因为投资者可以在场外与二级市场进行变相 T+0 操作，才使得 ETF 基金的最新报价与基金净值不至于偏离太多，因为一旦出现偏差，就会有大量套利者进行套利操作。

2. 跨市场 ETF 基金交易规则

跨市场 ETF 基金的操作相对比较复杂。目前很多 ETF 基金包含的股票既有在沪市上市的，也有在深市上市的，而 ETF 基金上市的交易所可能在沪市，也可能在深市。在沪市上市的股票代码都是 6 开头的，如 600100、601100 等，在沪市上市的基金代码为 51 开头，如 510051 等；在深市上市的股票代码都是 0 或 3 开头的，如 000100、300100 等，在深市上市的基金代码为 159 开头，如 159932 等，这时就涉及一个跨市场 ETF 基金交易的问题。不过，跨市场的 ETF 交易，因市场不同，规则稍有不同。

（1）沪市跨市场 ETF 基金交易规则。

在沪市上市的 ETF 基金若含有深市的股票，投资者可采用现金替代的方式完成基金申购。即投资者将现金交给基金公司，由基金公司按照实时价格购买所需的股票，多退少补。基金公司实时买入股票，实时确认 ETF 基金份额，效率非常高。也就是说，投资者当日申购 ETF 基金，当日就可以确认 ETF 基金份额。

（2）深市跨市场 ETF 基金交易规则。

通常情况下，投资者在深市申购 ETF 基金时，需要提供一篮子的股票。这些在深市上市的股票比较好确认，但在沪市上市的股票则无法判断其是否真实存在，因此，当投资者提出申购请求后，需要第二天由中登结算公司进行清算确认，然后将结果反馈回证券交易所，最终完成 ETF 基金申购操作，这其实就是 T+2 日才能确认最终的基金份额了。相对于沪市规则，深市规则效率较低，但可以降低操作风险，运作透明。

三、ETF 基金套利技巧

正常情况下，投资者向基金公司申购或赎回 ETF 基金，需要提供或赎回的都是股票，而在二级市场内交易 ETF 基金份额则不需要提供股票，因此，在二级市场内，买卖双方都是投资者，没有基金公司。当然，若二级市场内的基金份额价格与基金净值出现偏差时，就会有套利者将二级市场的基金份额赎回股票或用股票换取基金份额到二级市场出售，以完成套利操作。况且，在单市场或沪市进行 ETF 套利，还可以实现 T+0 操作，这样资金利用效率将会大大提升。ETF 基金套利的前提，即当大盘快速拉升或恐慌性下跌时，ETF 基金最新报价也因大量缺乏经验的投资者进行疯狂追涨或恐慌杀跌而出现明显高于净值或低于净值的情况。不过，在选择 ETF 套利的标的时应该注意一点：尽量选择单市场的 ETF 基金或在沪市上市的跨市场 ETF 基金，毕竟深市上市的跨市场 ETF 基金的结算周期较长，不适合进行套利操作。

1. ETF 基金现价高于净值

当股价启动一波快速上升行情时，很多缺乏投资经验的投资者在买入 ETF 基金份额时，可能会为了快速成交而不考虑其与净值的偏离程度，出现 ETF 最新报价明显高于净值的情况，此时就是投资者最佳的套利机会。

此时，投资者可直接用一篮子股票申购 ETF 基金份额，然后将基金份额在二级市场卖出，从而完成一次套利操作。下面来看一下央企 ETF 基金的分时走势图，如图 6-20 所示。

从图 6-20 中可以看出，2019 年 3 月 11 日开盘后，随着大盘指数的上攻，央企 ETF 基金也出现了快速上攻走势，而基金净值却并未同步走高。此时，基金净值与基金报价之间出现了巨大的落差，最大差距达到了 2 个百分点，对于想要进行 ETF 基金套利的投资者而言，这是一个绝佳的机会。于是，很多套利盘申购 ETF 基金后在二级市场卖出，最终导致基金净值与最新报价之间的差距逐渐缩小。

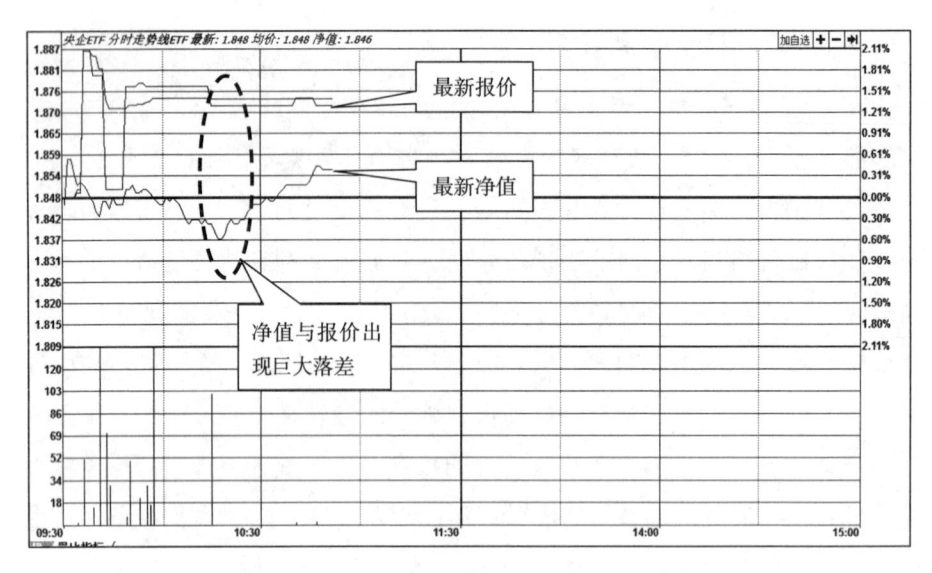

图 6-20　央企 ETF 基金净值与报价走势图

投资者若能捕捉到期间的套利机会，将会在短时间内获得 2 个百分点左右的收益。

2. ETF 基金现价低于净值

当股价出现一波恐慌性杀跌行情时，很多缺乏投资经验的投资者在卖出 ETF 基金份额时，可能会为了快速成交而不考虑其与净值的偏离程度，导致 ETF 最新报价明显低于净值的情况，此时就为投资者提供了一个极佳的套利机会。

此时，投资者可以直接在二级市场买入 ETF 基金份额，然后再将基金份额赎回，最后将赎回的股票卖出，从而完成一次套利操作。下面来看一下周期 ETF 基金的走势图，如图 6-21 所示。

从图 6-21 中可以看出，2019 年 3 月 11 日开盘后，周期 ETF 基金的报价随着大盘指数上攻一波后迅速下跌，而基金净值在下跌一波后重新被拉起，此时基金净值与基金报价之间出现了巨大的落差，这种落差的最大差距超过了 2 个百分点，对于想要进行 ETF 基金套利的投资者而言，这是一个绝佳的机会。于是很多套利盘买入 ETF 基金份额后赎回股票，再将赎回的股票卖出获利了结，最终导致基金净值与最新报价之间的差距逐渐缩小。

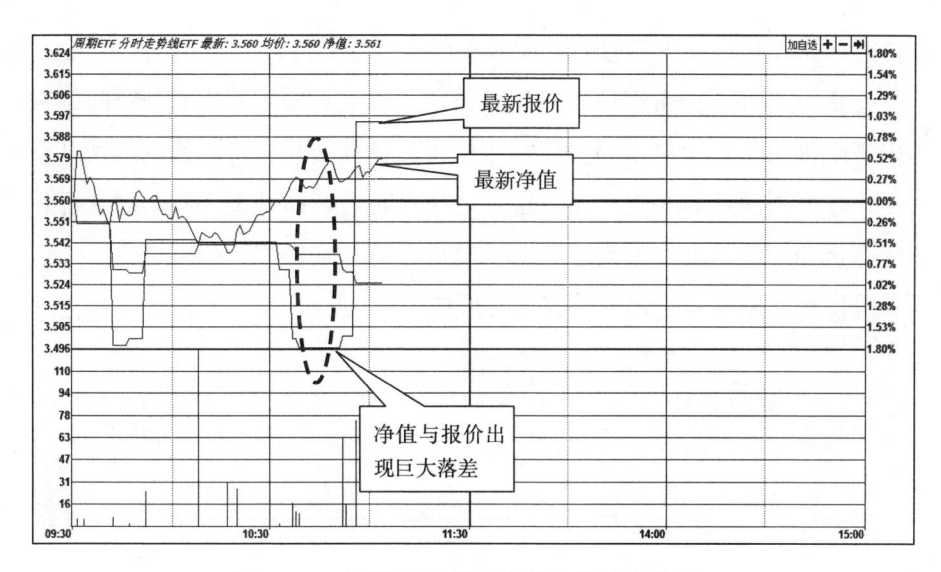

图中标注：最新报价、最新净值、净值与报价出现巨大落差

图 6-21　周期 ETF 基金净值与报价走势图

投资者若能捕捉到期间的套利机会，将会在短时间内获得 2 个百分点左右的收益。

3. 基金套利与转托管问题

上面谈到了基金套利的问题，这里需要增加一点转托管的知识。投资者采用场外申购基金场内卖出时，需要考虑基金的转托管问题。只有在证券公司交易系统内部申购基金，之后在场内卖出时，才会减少转托管的程序。也就是说，投资者若在其他基金销售机构申购基金想要拿到场内卖出，还需要履行一定的转托管手续。

具体步骤如下。

第一步：联系券商，确认营业部在证券交易所的坐席代码。若基金是在深市上市的，则需询问在深交所的坐席代码；在沪市上市的，则需询问在沪市交易所的坐席代码。

第二步：确认自己已经拥有相应交易所的证券账户。若没有账户，则需前往证券营业部开通沪市和深市的股票账户。联系相应交易所的基金席位，将基金份额挂在自己相应的证券账户内。若投资者持有多个账户，则需将基金份额挂靠在自己用于基金套利的账户。

  总之，场外转托管程序相对比较复杂，投资者为了缩短套利时间，避免场内基金价格出现大幅波动，最好还是通过证券交易系统申购或赎回基金，这样比较方便快捷。当然，通过这个途径申购或赎回基金，就不能获得相应的优惠折扣了。例如，天天基金网或支付宝的基金销售折扣可以达到一折，而通过证券交易系统申购则没有任何折扣。

第七章

债券型与货币型基金交易技术

债券型基金与货币型基金，在整个基金领域属于风险较低的类型，特别是货币型基金，在很大程度上可以起到替代银行存款的作用。

第一节 货币型基金：余额宝、腾讯零钱通、京东小金库

随着手机支付的日益普及，越来越多的投资者发现，只要把钱放到余额宝、腾讯零钱通或京东小金库，自己的闲钱就会一天天地增加。仔细计算一下还会发现，这些存放零钱的机构给出的利息比一年期的定期存款还要高。正因为如此，越来越多的存款被搬到余额宝、腾讯零钱通或者京东小金库。于是很多人产生这样的疑问：这些机构是如何盈利的？钱存到这里是否足够安全呢？

一、货币型基金及其特点

其实，余额宝、腾讯零钱通或者京东小金库，都属于同一类基金理财产品，即货币型基金。换句话说，投资者将钱存放在这些地方，等同于购买了相应的货币基金产品。例如，存在余额宝的钱，相当于自动购买了华安日日鑫货币基金。

货币型基金本质上是一种开放型基金，其主要投资对象包括如国债、央行票据、商业票据、银行定期存单、政府短期债券、企业债券（信用等级较高）、同业存款等。相对于其他基金产品，货币型基金具有如下几个典型特点，如图7-1所示。

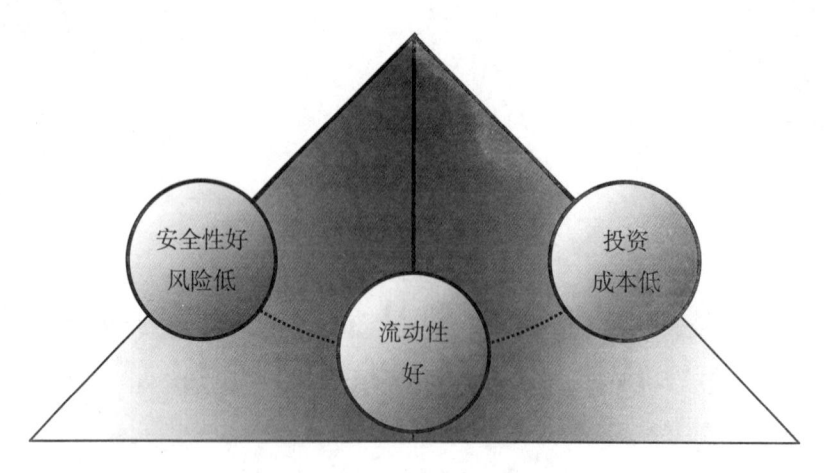

图 7-1 货币型基金的三个特点

第一，安全性好，风险低。

从投资安全角度考虑，货币型基金的安全性明显优于其他基金产品。货币型基金几乎很少出现亏损的情况，只是收益率有时高、有时低。也正因为如此，很多投资者将其看成银行存款的替代品。

第二，流动性好。

通常情况下，大多数基金产品在投资者需要变现即赎回基金时，都需要较长的时间，一般至少需要两个交易日以上。货币型基金则可以随时取出，这极大地提升了资金的流动性。也就是说，货币型基金的流动性可以与活期存款相媲美。

第三，投资成本低。

目前，大多数货币型基金都不收取申赎费用，只收取少量的管理费和服务费（这部分费用会在基金净值中按日扣除）。这就使得该类基金产品的投资成本很低，投资者只要有闲钱就可以随时申购，有资金需求时又可以随时赎回。

二、如何选择货币型基金

目前，市场上大多数货币基金在收益与投资灵活度方面都比较接近，但还是存在一些细微的差别。为了确保投资收益最大化，投资者在选择货币型基金时，应坚持这样几个基本原则。如图 7-2 所示。

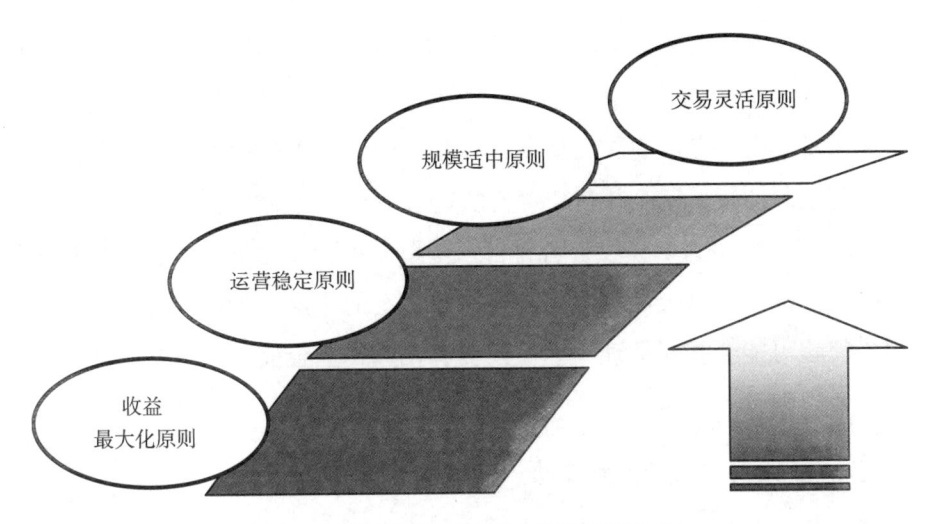

图 7-2　选择货币型基金需遵循的原则

第一，收益最大化原则。

相对于其他基金产品，货币型基金的收益比较低，但不同的货币型基金，其收益水平也存在一定的差别。投资者可以通过基金销售网站或者基金交易系统，将货币型基金的收益从高到低进行排名，从中选择收益最高的基金作为备选基金品种。一只货币基金的收益过去一直排名在整个货币基金收益榜的前列，未来也可能会有更好的收益。

第二，运营稳定原则。

很多货币型基金成立的时间不长，投资者也很难判断其投资收益能否持续而稳定地增长。在这种情况下，投资者选择货币型基金产品时，可以选择那些运营时间较长，收益一直比较稳定的品种。

第三，规模适中原则。

货币型基金都是由专门的基金管理人员进行运营的。当一只基金规模过大或过小时，基金管理人员很难将自己的运营水平发挥到最佳。当基金规模过大时，基金公司挑选高收益品种就会遇到困难；反之，当基金规模过小时，基金运营的费用将会吞噬部分收益。

第四，交易灵活原则。

大多数货币型基金的申赎都非常灵活，基本上随时可以申购与取回，但仍有些货币基金是属于定期性质的，比如30天或90天。投资者若短期内对资金有需求，则不宜申购这类基金。反之，若短期内不需要使用这部分资金，这些固定期限的货币基金往往比普通的货币基金有更高的收益。

有些基金公司为了让投资者在自家基金品种中做出选择，往往会对同一基金公司内部各个基金品种之间转换给予一定的优惠，当投资者想要转出基金时，流程可能会相对繁琐一些。投资者在选择基金前，还需要对基金的申购与赎回规则有所了解。

三、货币型基金交易技巧

尽管货币型基金具有安全、稳定的特点，但在实际投资过程中，为了实现投资收益最大化，投资者还要关注以下几个方面。

第一，最合适的申购时间点。

从理论上来说，无论何时申购货币基金都是可行的，但从利益最大化的角度出发，不同的时间点申购带来的投资收益还是有所区别的。

第一个关键时间点：15:00。

15:00是股市收盘的时间点，也是各类基金收盘整理的时间点。投资者在某一交易日申购基金，15:00之前和之后的收益是不一样的。通常情况下，若能在15:00之前提交申购请求，那么基金将按照当日收盘价格计算基金份额，并从次日（T+1）开始计算收益；反之，若在15:00之后申购基金，将按照下一个交易日的收盘价格计算基金份额，并从T+2日开始计算收益。

第二个关键时间点：周五或节假日前一个交易日。

按照股市交易规则，周末和节假日都是休市的，投资者要想申购货币型基金，并确保在节假日期间也能获得收益，需要在周五或节假日前一个交易日完成申购。比如，投资者想要在周末获得收益，就必须在周四15:00之前申购货币型基金，这样周五将会取得投资收益，周末也自动会获得投资收益。反之，若周五15:00之前申购，将在下周一取得收益，周六和周日的收益就浪费掉了。

第二，积少成多，化零为整。

投资货币基金就如同银行零存整取一样，取用相对也比较方便。投资者可将日常所需的消费支出在使用前先转入货币基金，随用随取。尽管货币基金的收益不是很高，但对于投资者来说，一方面这些收益积少成多，也是不小的收入，另一方面，培养理财意识和理财习惯也是非常重要的。

第三，有条件的话，选 B 级基金。

有些基金公司还推出了货币基金的分级款，即将货币基金分为 A 级和 B 级。A 级货币基金就是前面介绍的普通的货币基金，收益相对较低，门槛也很低，投资者只要有闲钱就可以将其投入到货币基金当中。相对 A 级基金来说，B 级基金投资门槛相对较高，是基金公司为资产净值较高的人群专门设计的货币基金产品。通常情况下，B 级基金的起购门槛在 300 万元到 500 万元之间不等，且服务费用要低于 A 级货币基金，收益则要高于 A 级货币基金。

第二节 债券型基金及其特点

债券型基金，是指专门投资于债券的基金产品。当政府、企业或金融机构需要筹措资金时，会向投资者发行一些债券并约定到期还款日和利率。通常情况下，这些机构发行债券的利率要高于同期的银行利率。也就是说，国债、金融债和信用等级较高的企业债是债券基金的主要投资方向。当然，债券基金的管理者不会见到债券就购买，而是会从众多发行债券的机构中挑选利率较高、信用较佳、安全性较高的债券买入。

一般来说，债券型基金的收益情况要好于货币型基金，但其风险也要高于货币基金。假如某一公司发行企业债后，其经营业绩不理想，出现债务违约，甚至企业破产，则持有该债券的基金公司，其投资必然也会受到损失。

一、债券型基金的主要投资方向

债券型基金管理人拿到投资者投入的资金后,会将这部分资金主要用于购买各类债券。债券型基金的投资方向主要包括以下四个,如图 7-3 所示。

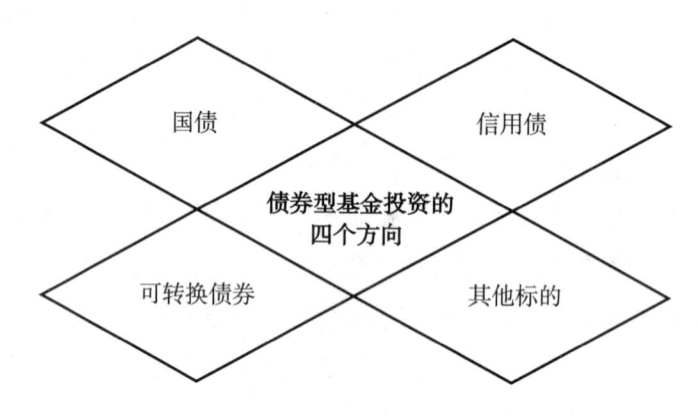

图 7-3 债券型基金的投资方向

1. 国债

国债,即国家公债,是以国家信用为基础,按照债券的一般原则,通过向社会筹集资金所形成的债权债务关系。相比其他机构发行的债券,国债具有安全性好、流通性强、收益稳定等特点,另外,投资国债获得的利息收益还免征个人所得税。正是因为国债具有如上所说的诸多优点,才使得很多稳健型投资者青睐于国债。

按照偿还期限不同,国债可以分为定期、短期、中期、长期和不定期国债;按照发行地域不同,可以分为国家内债和国家外债。所谓内债,即向本国居民发售的国债,外债是指向本国以外的居民和机构发售的国债。

按照发行方式不同,国债大致可以分为四类,有凭证式国债、记账式国债、储蓄式国债和无记名式国债。凭证式国债可以记名和挂失,但不能上市流通。投资者购买国债后,若需流动资金,可将国债提前兑现,利息按天计算,但要收取 1% 左右的手续费。记账式国债可在证券交易所内的交易系统中发行和交易,有些类似于股票。储蓄式国债不能流通,有些类似于银行储蓄,适合投资者个人持有。无记名式国债是一种实物债券，可以上市流通，也可以在发售柜台购买和卖出。

2. 信用债

信用债是指不以企业或机构任何资产作为担保的债券，风险相对较大，但收益普遍较高。通常情况下，企业或机构的信用等级高低不等，越是低等级的信用债，给付的利率可能越高，但同时风险也越大。

中高等级的信用债，是债券基金的主要投资标的。中高等级的信用债一般是指信用等级在AA级以上的、违约概率很低的债券，低等级的信用债面临较大的信用违约风险。目前，中高等级的信用债主要发行人包括跨国公司、大型国有企业等。

3. 可转换债券

可转换债券是企业债的一种，在特定的条件下，这些债券可以转换为普通股股票。企业在发行可转换债券时，会约定一个时间点和债券转换股票的价格，若债券持有人不愿意转换，可按约定收回本金和利息。通常情况下，在转换时间到来时，股票价格高于债券转换股票价格时，债券持有人才会同意将债券转换为股票。对于债券持有人来说，可转换债券相当于比普通债券多了一种转换成股票的机会，也就是说多了一种可能获得更高收益的机会。

4. 其他标的

通常情况下，大多数债券型基金除了投资上述债券品种外，还可以进行新股申购、权证交易以及少量的股票证券投资等。当然，这些标的占整个债券型基金的份额很少，一般很难对债券型基金的净值产生较大的影响。

二、债券型基金的收益影响因素与投资策略

从长远来看，债券型基金会有一个不错的收益，当然，债券型基金持有的重仓债券出现债务违约除外。

1. 影响债券型基金收益的因素

影响债券型基金收益的因素包括但不限于以下两项，如图7-4所示。

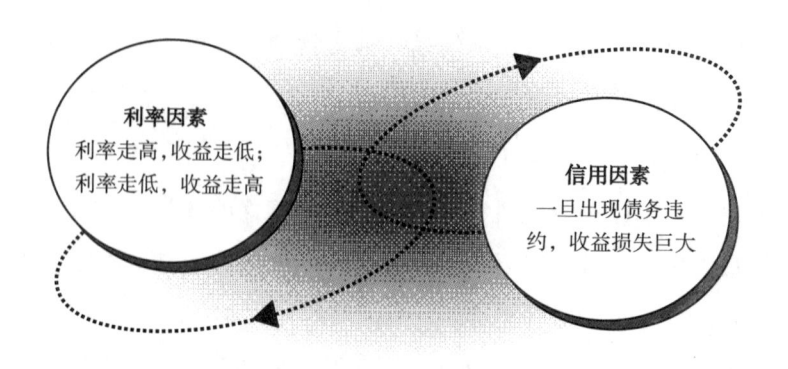

图 7-4　影响债券型基金收益的因素

第一，利率因素。一般来说，债券型基金的整体收益与利率成反比关系。当利率处于上升通道时，债券型基金的收益就会偏低；反之，当利率处于下降通道时，债券型基金的收益就会走高。

第二，信用因素。债券型基金的盈利基础是持有的各类债券能够按时获得本金和利息。期间，若某一债券发行人出现违约的情况，可能会造成债券型基金收益减少。若债券型基金重仓的债券出现违约的情况，可能会给投资者的本金造成重大影响。

2.投资者可采取的债券型基金投资策略

针对债券型基金的特点，投资者在投资债券型基金时，应采取如下几种策略。如图 7-5 所示。

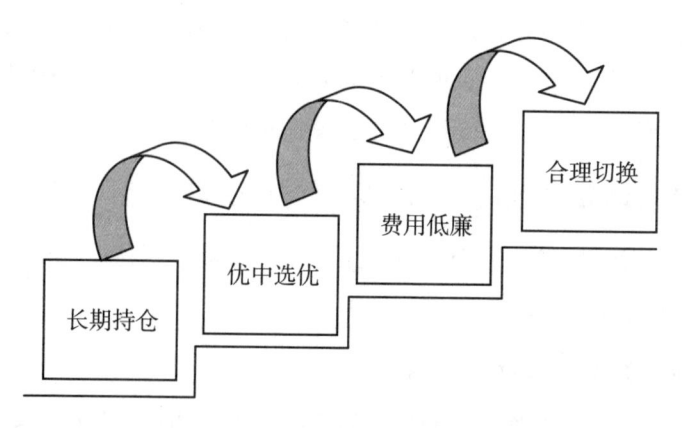

图 7-5　债券型基金投资策略

第一，长期持仓。

债券型基金与货币型基金明显不同，债券型基金的收益会因外围经济环境的变化出现一定的变动。从短期来看，可能还会出现亏损的情况，但从长期来看，债券型基金是会取得不错的收益的。正因为如此，投资者若要投资债券型基金，必须放弃短线思维，从长线出发，坚定地长线持有一段时间的债券型基金，从而实现收益最大化。

第二，选择业绩优秀的标的。

同样属于债券型基金，但业绩好坏也是有差别的，而且这种差别还会大于货币型基金。投资者在选择债券型基金时，需要对市场上债券型基金的收益率做个调查，选择最近几年收益率较高的基金品种。同时，从风险防控的角度出发，还要对基金公司重仓的债券有所了解，尽量远离那些经营效益低下的企业的债券。

第三，申赎费用低廉。

债券型基金的申购一般都是免费的，但赎回费用可能会根据持仓时间的不同有所区别，这一点投资者需要事先了解。若短期内可能对资金有需求，则需选择那些在短期内赎回不收赎回费或少收赎回费的基金品种。

第四，根据经济环境，与其他股票型基金适当切换。

前面介绍过，当经济下行时，央行会采取降息的策略以刺激经济增长。债券型基金受益于利率下调，会出现收益增加的情况，此时，股市会因为经济不景气而出现下跌态势。也就是说，在这种经济氛围下，投资者持有债券型基金往往是最佳选择。

此后，若经济形势好转，股市反弹向上，国家为了抑制经济过热，会采取加息的策略，此时债券型基金的收益又会出现放缓态势。为了实现投资收益最大化，投资者可考虑将部分或全部债券型基金转换为股票型或指数型基金。

第三节 债券型基金的经典品种

在债券型基金的大家族中,有一些基金品种指向特定的投资标的,有的则更强调投资的灵活性。

一、纯债基金

纯债基金是债券型基金中最能够"保持本心"的一个基金品种,它将自己的资金除了留存的供投资者赎回部分外,全部用于投资债券产品。这类基金的收益相对其他债券型基金更为稳健,风险相对较低,不过最大收益值可能也会低于其他债券型基金。

同样属于稳健收益类产品,相对于货币型基金,纯债基金的收益更高,当然,收益波动幅度也会更大一些。若债券型基金购置的债券中出现违约行为,则收益将大打折扣,而货币型基金几乎不会或很少出现这种情况。图7-6所示为建信纯债基金的数据。

图 7-6 建信纯债基金基本数据

从图7-6中可以看出,建信纯债基金2018年度的收益率较高,最近1年的收益率超过了8%(从2018年3月到2019年3月)。将时间段拉长至3年,该基金的收益率达到了11%,要比普通的银行存款收益率高出很多。

纯债基金的投资技巧包括如下几点。

第七章　债券型与货币型基金交易技术

第一，纯债基金属于经典的防御性投资品种。当经济下滑时，央行利率开始进入下行通道，纯债基金将会体现出独特的优势。在这一阶段，纯债基金的收益通常会出现大幅上扬。下面来看一下建信纯债基金与沪深300指数的走势对比，如图7-7所示。

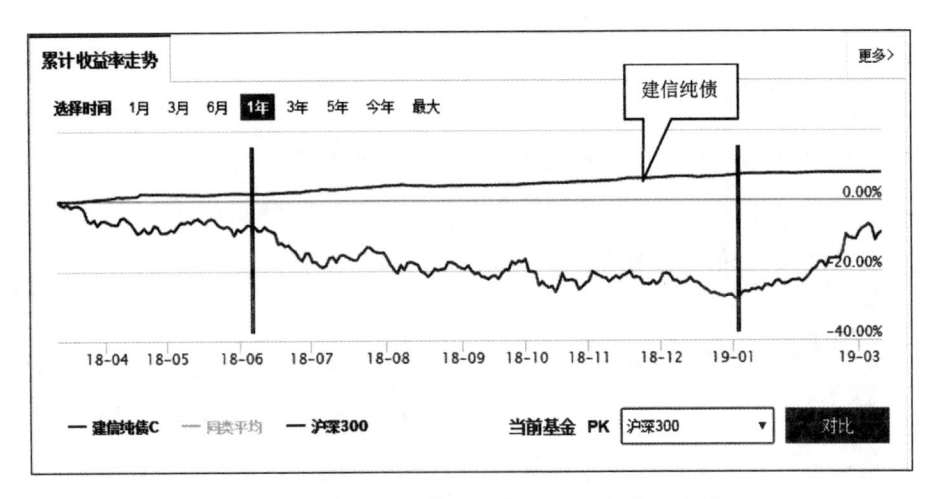

图7-7　建信纯债基金与沪深300走势对比图

从图7-7中可以看出，自2018年下半年开始，建信纯债基金的收益与沪深300之间的距离越来越大。随着整个股市的下跌，建信纯债基金的收益不仅没有下跌，上行趋势反而越发明显。从中可以看出，在股市不振时，纯债基金绝对是一个不错的投资选择。

第二，选择收益较高且业绩稳定的品种。

目前，市场上的纯债基金品种很多。投资者在选择基金品种时，最好先对基金的收益率做一个排名，选择业绩最优的基金。当然，在选择基金时，不光要选择短期内业绩最好的，还要看长期业绩走势。只有在很长的时间内持续保持良好业绩的基金品种，才是真正的最优品种。

第三，坚持长期持仓，尽量不做定投。

与指数基金不同，纯债基金的净值波动幅度相对较低，这就失去了基金定投的意义。投资者持有纯债基金，最好能够坚持长期持仓不动，这样才能实现收益的最大化。

第四，采用红利再投资的方式，增厚收益。

通常情况下，债券型基金每隔一段时间会有一次分红，投资者可以选择现金分红或红利再投资。若投资者拿到现金再申购基金，一来浪费时间，二来还要多花一些手续费，若能直接选择红利再投资，则可以直接享受这部分红利带来的收益，省去了许多中间环节。

二、可转债债券基金

可转债债券因其可以转换成股票，因而备受投资机构的青睐。也正因为可转债债券可以在规定的时间以固定的价格转换成股票，因而其债券价格会随着股价的波动而出现波动。一般来说，可转债债券基金与股票价格存在以下关系。

第一，股价上升，债券价格上升，基金净值走高。当股票价格持续走高时，因可转债转换为股票的价格是固定的，就使得债券价格同向走高。也就是说，在股价处于上升趋势时，可转债基金的净值也会随之走高。当然，随着股票价格越来越高，债券价格也有触顶回落的可能。

第二，股价下跌且跌破了可转换价格，则基金净值回归稳定。可转债的选择权在债券持有人手中，当股价低于可转债约定的转股价格时，债券持有人就会拒绝转股，并按约定收取本金和利息。

也正因为如此，可转债基金的收益波动比较剧烈，如图7-8所示。

从图7-8中可以看出，长信可转债债券C的收益在最近一个月（即2019年2月到3月期间）出现了大幅上升的态势，其实，这与该阶段股市大幅上攻有直接的关系。如果将时间拉长至1年，可以发现最近1年该债券的收益率仅为2.53%。也就是说，在最近一年的时间里，只有最近一个多月的时间，债券价格才出现爆发性增长，其他时间则呈下跌态势。其实，这也符合可转换债券的净值波动特征。

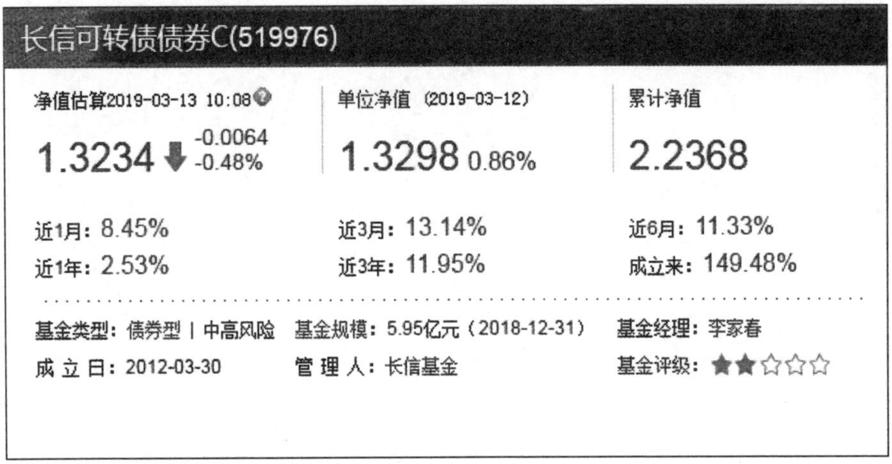

第七章 债券型与货币型基金交易技术

长信可转债债券C(519976)

净值估算2019-03-13 10:08
1.3234 ↓ -0.0064
       -0.48%

单位净值（2019-03-12）
1.3298 0.86%

累计净值
2.2368

近1月：8.45%　　近3月：13.14%　　近6月：11.33%
近1年：2.53%　　近3年：11.95%　　成立来：149.48%

基金类型：债券型 | 中高风险　基金规模：5.95亿元（2018-12-31）　基金经理：李家春
成 立 日：2012-03-30　　　　　管 理 人：长信基金　　　　　　　　基金评级：★★☆☆☆

图7-8　长信可转债债券C基本信息

第八章

分级基金交易技术

分级基金因其内部根据风险进行了细致的分级而得名,曾经一度非常兴盛,但由于B级基金高杠杆、高风险的特征过于鲜明,近年发展势头远逊于前些年。

第一节 中国特色的分级基金

分级基金是中国的一大特色，是为了满足个别风险偏好较高的投资者的需求设立的一种风险较高的基金。

一、何为分级基金

分级基金即在同一个基金内部划分出两个完全不同的投资偏好的子基金，通常是按照资产净值或基金收益将母基金拆分成风险偏好不同的两个子基金。分级基金的编号一般由三个构成，母基金一个、A级基金一个、B级基金一个，其中，母基金的资产净值为A级基金与B级基金之和。

1. 分级基金的基本特点

在分级基金中，母基金和其他基金相似，也按照事先审核的投资方向进行投资，如债券投资、股票投资等。其中，投资于股票的分级基金占据了绝大部分比重，还有一部分投资于债券和可转债的基金，但这类基金的拆分比例与股票型基金不同，后文还会详细介绍。总之，分级基金的投资方向必须存在取得大幅收益可能的品种，当然，这种高收益的品种也会伴随着高风险。

分级基金的运行原理是这样的。母基金像其他股票型基金或债券型基金一样，拿到投资者申购的资金后进行相应的投资运作。不过，在基金内部，母基金会将所有的基金份额按照5:5或6:4等比例拆分成分级A基金和分级B基金。其中，分级A基金将所持有的基金资产借给分级B基金，分级B基金向分级A基金支付固定的收益，如年利率6%或6.5%等。整个基金运作剩余的利润全部归分级 B 基金所有。从这种运作规则中可以看出，在市场行情向好时，分级 B 基金可能会取得非常高的收益，因为分级 A 基金全部借给分级 B 基金后，分级 B 基金相当于有了 2 倍杠杆去博取超额利润。不过，在市场行情不好时，分级 B 基金不仅无法取得超额利润，还可能因为要向分级 A 基金支付固定的利息而导致基金净额受损。

2. 分级基金的构成

分级基金由母基金、分级 A 基金和分级 B 基金共同组成。

第一，母基金的份额单位净值计算公式如下。

母基金净值 = 分级 A 净值 × 分级 A 占比 + 分级 B 净值 × 分级 B 占比

也就是说，如果按照 5:5 占比分配，若分级 A 的净值为 1.06 元，分级 B 的净值为 0.98 元，则母基金的净值就是 1.02 元。例如，截至 2019 年 3 月 14 日，招商中证白酒分级 A 基金的净值为 1.0107 元，招商中证白酒分级 B 基金的净值为 1.2257 元，其母基金招商中证白酒指数分级基金的净值则为 1.0107 × 50%+1.2257 × 50%=1.1182 元。

第二，母基金、分级 A 和分级 B 的交易。通常情况下，投资者可以通过各种场外或场内途径来申购或赎回分级基金中的母基金，也可以通过场内交易，像交易股票一样交易分级 A 和分级 B 基金。当然，若投资者手中持有分级 B 基金，可以直接在场内按照市价卖出，也可以再购买分级 A，将其合成母基金进行赎回操作。投资者在场内买卖分级 A 或分级 B 是按照市价交易的，而申购或赎回母基金则需要按照基金净值进行操作。

第三，基金 A 和基金 B 的价格是随行就市的，与净值无关。分级 A 和分级 B 基金，投资者可通过网上证券交易系统购买。也就是说，分级 A 和分级 B 的价格会随着投资者买入或卖出的情况出现波动，而且一般都会偏离基金净值。通常情况下，分级 A 的价格会低于净值，分级 B 的价格则可能高于净值。

还是以招商中证白酒分级基金为例，截至 2019 年 3 月 14 日，分级 B 基金的净值为 1.2257 元，而当日在证券交易所的收盘价为 1.284 元，这说明分级 B 存在一定的溢价；反之，分级 A 基金的净值为 1.0107 元，而当日在证券交易所的收盘价仅为 0.973 元，这说明分级 A 存在一定的折价情况。当然，若分级 A 和分级 B 都出现了明显的折价或溢价，则会有大量的套利盘涌入，导致这种折价或溢价被抹平。后面还会详细介绍分级基金的套利技巧。

二、分级基金开通条件

分级基金特别是分级 B 基金因为有杠杆存在，会让基金净值和市价出现巨大的波动。在 2015 年的大牛市和大熊市期间，分级基金上演了一番过山车行情，让很多投资者血本无归。申万菱信中证证券分级 B 基金在 2015 年 6 月中旬前后的走势如图 8-1 所示。

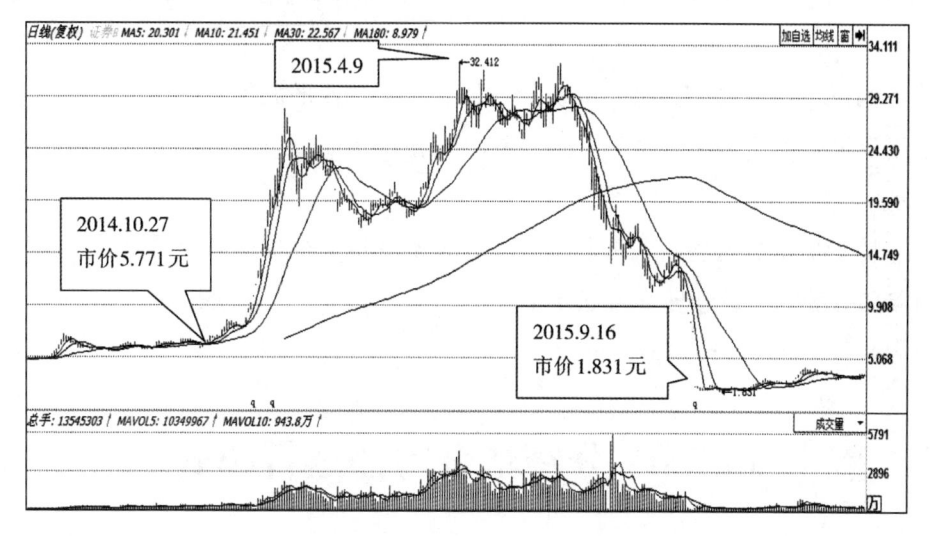

图 8-1　申万菱信中证证券分级 B 基金价格走势图

从图 8-1 中可以看出，申万菱信中证证券分级 B 从 2014 年 10 月底随着股市的上扬出现了大幅上攻走势。到了 2015 年 4 月初，分级 B 的价格已经超过了 32 元，此时该基金价格涨幅已经超过 450%。其后，尽管大盘还继续上涨了一段时间，但由于分级 B 已经被爆炒至高位，因而价格开始在顶部整理。

2015 年 6 月 15 日之后，分级 B 随着大盘的暴跌出现了大幅回落。到了

2015年9月16日，该基金的价格已经下跌至1.831元。下跌幅度之大，超过了很多人的心理预期，很多人也因为分级B的暴跌而损失惨重。

正因为如此，证券监管部门开始限制分级基金的发行，并且为分级基金的投资者设置了一定的门槛。

为了减少分级基金对投资者的影响，避免散户参与分级基金交易，证券监管层在2017年5月修改了分级基金入场规则。投资者要想交易分级基金，需要满足这样几个条件。

第一，投资者的证券账户必须有30万元以上的资产，包括股票和基金，但不包括信用账户资产，即融资融券资产。

第二，投资者持有30万元以上证券资产的时间必须达到20个交易日以上。

第三，投资者必须持本人身份证件到证券营业部面签，并签署《分级基金投资风险揭示书》。当然，这一程序现在有些证券公司可以通过网络远程办理。

监管层出台这些政策的目的，是让投资者尽量少参与分级基金交易，同时希望分级基金重新转为普通基金。

第二节 分级基金内部运行模式

分级基金的母基金也像其他基金一样，将基金资产投资于各种股票或债券等金融产品，但其内部却有着和其他基金完全不一样的利益分配机制。

一、杠杆原理

分级A基金将资金借给分级B基金，使得分级B基金带有明显的杠杆属性，这是分级基金最显著的一个特色。

1. 初始杠杆

目前，大多数股票型分级基金的初始杠杆率为 2 倍左右，即分级 A 和分级 B 的资产在母基金内部按照 5:5 分配。然后，分级 B 拿着全部资产去投资，就相当于获得了自己资产的 2 倍，这就是 2 倍杠杆的成因。

当然，一些债券型分级基金的杠杆率可能更高一些，如 7:3 分配，这样分级 B 的杠杆率就能够达到 10/3=3.33 倍。也就是说，按照自己的本金能挣 1 块钱的,现在通过应用杠杆可以挣到 3.33 元了。分级 B 扣除给分级 A 的利息，还可以产生很多剩余，这也是分级基金容易受到投资者欢迎的原因。

正是因为杠杆的存在，使得分级 B 基金的净值震荡幅度比普通指数或基金净值幅度更大，而分级 A 因为享受固定收益，会使得净值一直呈现稳定上扬的态势。下面来看一下招商中证白酒分级 A 和分级 B 的净值走势图，如图 8-2、图 8-3 所示。

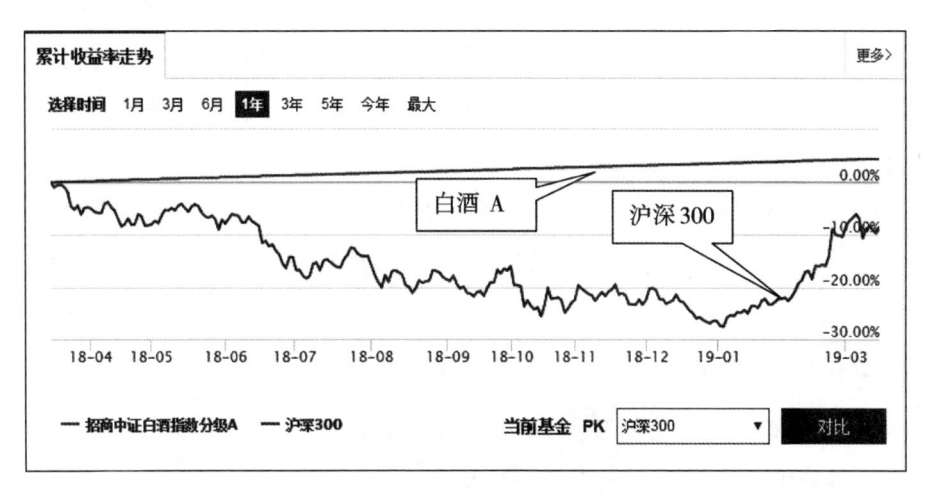

图 8-2 招商中证白酒分级 A 与沪深 300 对比走势图

如图 8-2 所示，招商中证白酒分级 A 的走势从 2018 年 4 月到 2019 年 3 月一直保持着稳定上升的态势，同时基金净值涨幅也不大，但非常平稳，几乎没有任何波动。其实这也符合分级 A 基金的净值特点，毕竟它是从分级 B 获取固定收益的基金。

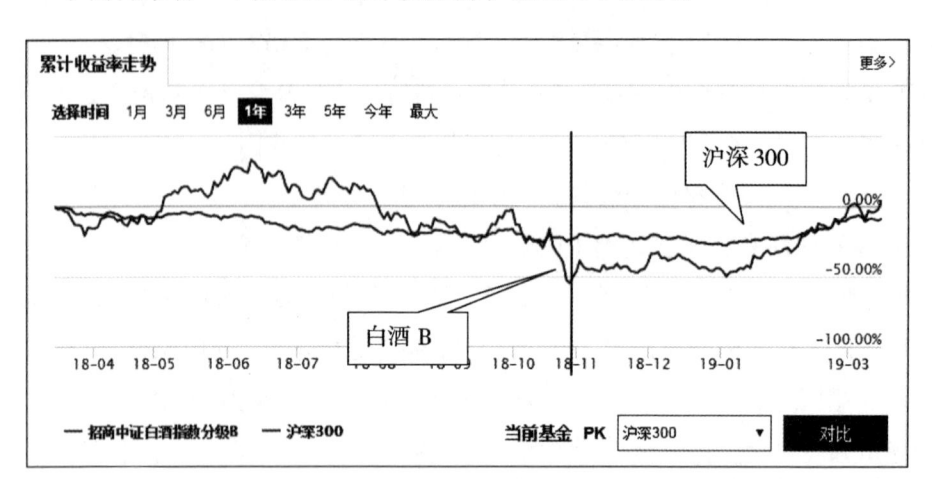

下面再来看一下分级 B 的净值走势，如图 8-3 所示。

图 8-3　招商中证白酒分级 B 与沪深 300 对比走势图

从图 8-3 中可以看出，分级 B 基金的净值波动趋势与沪深 300 基本一致，但波动幅度却比沪深 300 大了很多。当沪深 300 指数呈现下跌趋势时，分级 B 的下跌幅度更大，下跌速度更快。同样，当股市处于上升趋势时，分级 B 上升的势头更猛，上涨速度更快。

分级 B 波动幅度大的原因，就在于其带有杠杆性质。也正因为分级 B 存在杠杆，才使得其在股市上升期间备受投资者青睐。

2. 净值杠杆

当基金运作一段时间后，分级 B 基金必然会出现盈利或亏损，从而导致分级 B 和母基金的净值同步上升或下降，而分级 A 的净值则仍稳步上升，这就使得分级 B 的杠杆率发生了一些变化。

例如，在股市上升趋势中，分级 B 的净值上升至 3.2 元，而分级 A 的净值仅为 1.04 元，则母基金的净值对应为 2.102 元。此时，分级 B 的杠杆率将不再是初始时的 2 倍，而是变成了母基金净值/分级 B 净值×2，即 2.102/3.2×2=1.31 倍。也就是说，随着分级 B 的净值不断上升，分级 B 的杠杆率将逐步走低，分级基金的优势逐步缩小。同样，当股市处于下跌趋势时，分级B无法实现盈利,甚至还会亏损,同时,因为分级B还要偿还给分级A一些利息,导致分级B净值大幅走低,杠杆率快速上升。伴随着杠杆率快速上升,基金亏损的数额将会进一步放大,走向恶性循环。换句话说,在牛市中,分级基金盈利能力增速会逐渐下降,而在熊市中,分级基金的亏损能力将会得到不断增强,就如同魔鬼一样,大肆吞噬投资者的财产。

二、配对转换机制

在分级基金中,母基金是一种可以自由申购与赎回的基金,这与其他基金没有任何不同。但母基金旗下的两个子基金则不能申购与赎回,只能在二级市场内像股票一样买入或卖出。同时,母基金与子基金之间又存在配对转换的通道。也就是说,投资者可以在场外申购母基金,然后将母基金按照基金设定的分拆比例分拆为分级A基金和分级B基金,然后在二级市场卖出。同样,投资者也可以在二级市场按比例买入分级A基金和分级B基金合成母基金从场外赎回。因为存在这种机制,让很多投资者产生了套利的想法。不过,分级基金的拆分与合并相对复杂,这主要是由以下几点造成的。

第一,基金净值与基金价格不一致。

在分级基金中,分级A和分级B都是可以自由上市交易的基金,尽管其都有固定的净值,但交易价格受人为因素影响较大,总是出现波动,使得基金市价与净值产生较大的偏差。

第二,母基金只有净值,没有市价。由于分级基金中的母基金只能进行场外申购或赎回交易,没有在场内上市,这就使得分级A和分级B既有净值,又有市价,母基金则只有净值,没有市价,这就为很多投资者套利提供了足够的空间。同时,投资者要实现套利,也只有通过在二级市场买入相应份额的分级A和分级B合成母基金,再从场外赎回母基金。当然,投资者要进行套利,还必须考虑分级A和分级B的价格(一般分级A会有折价,分级B会有溢价),二者合在一起加上手续费,与母基金的净值差到底有多大,值不值得进行套利操作。

换句话说,母基金与分级A和分级B之间存在的配对转换关系为投资者套利预留了足够的空间，也为单独炒作分级 B 基金增加了制约力量。一旦分级 B 涨幅过大，就会有套利资金入场，通过申购母基金然后将母基金拆分成相应份额的分级 A 和分级 B，再卖出分级 A 和分级 B 的方式实现套利。

三、定期折算与不定期折算

前面介绍过，随着分级 B 净值的变化，基金的杠杆率也会出现变化。当杠杆率达到一定程度时，分级基金原有的设计思想将会发生变化，如杠杆过低或过高等。为了消除杠杆率出现大幅变化的问题，在设计分级基金时，还加入了一些调节机制，即定期折算和不定期折算。

1. 定期折算

分级基金定期折算主要是针对分级 A 基金进行的。通常情况下，分级基金成立时，会规定每年年底的某个日期为分级 A 基金的净值折算日，即在该日将分级 A 的净值重新按照 1 元的价格计算。净值超过 1 元的部分以母基金份额的方式发放给分级 A 的持有者。

具体折算日安排如下。

通常情况下，分级 A 的折算过程要经过三个交易日，T 日为定期折算日。

假如，在折算日之前，分级 A 的净值为 1.06 元，母基金为 1 元（折价后的价格），那么，在折算日当天，每 100 份的分级 A 基金将会获得 6 份的母基金分红。此后，分级 A 的净值重新回归至 1 元。母基金的份额会同步增加 6 份，净值也会随之下降。投资者拿到 6 份母基金份额后，可以继续持有母基金，也可以拆分为 3 份分级 A 基金和 3 份分级 B 基金，然后拿到二级市场卖出。

正因为如此，大家查看分级 A 的单位净值走势时会发现，其走势总是呈现出固定的三角形波动形态，如图 8-4 所示。

从图 8-4 中可以看出，招商中证白酒分级 A 的净值走势呈现出了明显的三角形形态，即分级 A 基金的单位净值每隔一段时间就重新折算到 1 元的位置。2017 年 9 月，该基金启动了一次不定期折算。

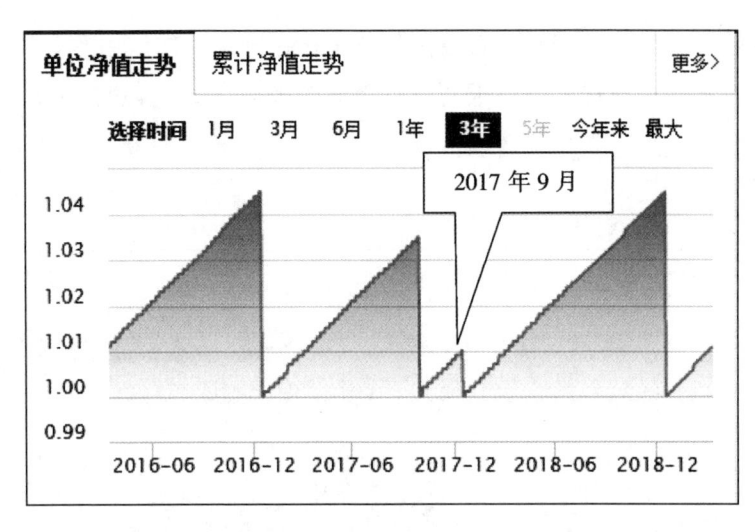

图 8-4 招商中证白酒分级 A 净值走势图

2. 不定期折算

除了每年的定期折算外，为了让分级 B 的杠杆水平保持在一个稳定的水平，很多分级基金都设置了浮动的、不定期折算的触发条件。通常情况下，这些条件包括向上折价和向下折价两类。

（1）向上折价。

向上折价是指当分级基金的净值增加到一定程度后，分级 B 的杠杆率就会降低到一定的水平，此时分级 B 的杠杆优势将越发不明显，这就需要对基金净值进行重新调整，使其净值杠杆重新回归到初始杠杆水平。

例如，有的基金公司规定，当分级基金净值达到 1.5 元时，将会自动触发向上折价条件。此时，需要对基金净值进行重新折算。

假如，分级 A 的净值为 1.02 元，而分级基金的母基金净值为 1.5 元，则分级 B 的净值就会达到 1.98 元。此时，分级 B 的杠杆率 = 母基金净值 ×2/ 分级 B 净值 =1.5×2/1.98=1.52 倍。这说明分级 B 的杠杆率已经从初始的 2 倍下降到了 1.52 倍。为了让分级 B 更好地发挥杠杆作用，基金公司将会重新启动折价程序。

分级 A 和分级 B 与母基金的净值将重新回归至 1 元的水平，分级 A 和分级 B 超过 1 元的利润部分将会以母基金份额的形式发放给基金持有者。从此以后，分级 B 的杠杆率将重新回到 2 倍的水平。图 8-4 中的分级 A 净值重新回归 1 元，就是因为不定期折算出现的结果。下面来看一下图 8-5 的走势情况。

图 8-5　招商中证白酒分级 B 单位净值走势图

从图 8-5 中可以看出，招商中证白酒分级 B 的净值在 2017 年出现了较大幅度的上升。到了 2017 年 9 月底，因基金净值触发了向上折算条款，分级基金开始全面折算，分级 B 的净值又重新回到了 1 元的水平。

目前，除了将母基金、分级 A 和分级 B 的净值全部调整至 1 元的折算方法外，还有个别基金公司以分级 A 的价格为折算依据，将母基金和分级 B 的净值全部调整至与分级 A 相同的净值水平。其实，这本身对基金的运行没有什么影响，只是折算方法不同而已。还有一些基金公司向上折价的触发点设置得相对较高，如母基金净值达到 2 元时才触发折价条款，这就意味着分级 B 的杠杆率可能会降至很低的水平。

假如分级 A 的净值为 1.04 元，母基金的净值为 2 元，则分级 B 的净值为 2.96 元，分级 B 的杠杆率 =2 × 2/2.96=1.35 倍。

换句话说，不定期向上折算可以提升分级 B 的杠杆率，从而维护分级 B

持有人的权益。

（2）向下折价。

向下折价是指当分级基金的净值萎缩到一定程度后，分级 B 的杠杆率就会上升到相当高的水平，此时分级 B 的杠杆作用将大大强化，这就需要对基金净值进行重新调整，使其净值杠杆重新回归初始杠杆水平。

分级 B 的净值下跌到一定水平后，杠杆率将大幅上升，从而加速分级 B 净值的萎缩。到最后，分级 B 不仅无法取得盈利，甚至连需要支付给分级 A 的利息都无法偿付。为了维护分级 A 持有人的利益，将会重新调整分级基金的净值，使母基金、分级 A 和分级 B 的净值重新回到 1 元的水平，杠杆率也重新回归 2 倍。

向下折算的方法与向上折价的方法不同，向下折算是当分级 B 的净值下跌至一定水平后触发折价条款。分级 A 超过 1 元的部分将由母基金向其支付一定的母基金份额，分级 B 的净值因为不足 1 元，因而需要将若干份的分级 B 重新合并为 1 份分级 B 基金。同时，因为分级 B 合并后份额减少，为了平衡分级 A 和母基金之间的换算关系，分级 A 折算后将会以分级 B 的份额为参照，剩余资产将会以母基金份额给到分级 A 手中。

例如，在分级基金向下折算之前，分级 B 的净值下跌至 0.25 元，分级 A 的净值为 1.06 元，则母基金的净值为 0.655 元。

基金开始下折后，原来的 4 份分级 B 将合成 1 份新的分级 B 基金。若某人之前持有 10000 份分级 B 基金，下折后将会变成 2500 份，原来的 10000 份母基金将重新折算为 6550 份，原来的 10000 份分级 A 基金将会折算为：2500 份分级 A 基金 +（10600-2500）份母基金，即 2500 份分级 A 基金和 8100 份母基金。这样，市场上流通的分级 A 和分级 B 的份额数值就是相等的，两者可以随时合并为新的母基金。

下面来看一下申万菱信证券分级 B 的单位净值走势图，如图 8-6 所示。

图 8-6　申万菱信证券分级 B 单位净值走势图

从图 8-6 中可以看出，申万菱信证券分级 B 自 2017 年年初开始了一波快速下跌走势。到了 2018 年 10 月下旬，该基金的单位净值触发了下折条款。从此之后，基金的单位净值重新回归到了 1 元水平，不过分级 B 的份额降低到了原来的四分之一。

由于分级 B 不仅有净值数据，还有市场价格数据，而下折是依据净值展开的，因而每一次下折对于持有分级 B 的投资者来说，都是一个不小的损失，原来持有分级 B 的投资者手中的份额数量降低至原来的四分之一。下折后，市场迎来了一波修复行情，但很难上升至原来四倍的价格，如图 8-7 所示。

从图 8-7 中可以看出，申万菱信证券分级 B 基金自 2017 年开始启动了一波下跌走势。到了 2018 年 10 月，基金净值已经下跌至极低的水平。此时市场上的投资者预见到基金可能会触发下折条款，于是资金纷纷出逃，但由于承接盘有限，多日以跌停报收。下折完成后，尽管基金净值上升至原来的四倍，市价也回归至 1 元以上的水平，但相比合并之前的下跌幅度，此时的修复幅度十分有限。

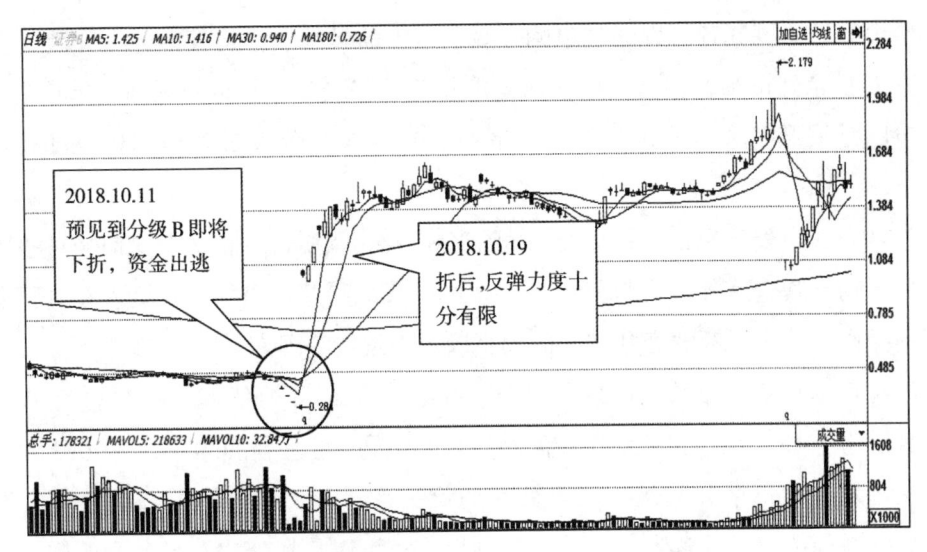

图 8-7　申万菱信证券分级 B 市价日 K 线走势图

第三节　分级基金的交易模式

相比其他基金，分级基金的获利模式和途径更多，投资者可选择的空间也更大。

一、拆分与合并套利

分级 A 和分级 B 都是在二级市场上交易的标的，其价格不仅与基金净值有关，还与市场供求关系有关。正常情况下，分级 A 和分级 B 的价格都不会刚好等于基金的净值，而是会出现一定的折价与溢价，因此，当市场上分级 A 和分级 B 的价格与母基金价格之间存在套利空间时，投资者就可以入场执行套利操作了。基本的套利模式包括两类。

第一，申购母基金，分拆卖出分级 A 和分级 B。

当市场上基金价格出现了明显的溢价情况时，通常情况下以分级 B 折价最为明显，投资者可以通过申购分级基金中的母基金，将其拆分为分级A和分级B拿到市场上销售，以获取溢价收益。按照分级基金的规则，母基金的申购是按照基金净值进行的，而市场上分级A和分级B的价格则是随行就市的。

当股市处于牛市时，分级B可能会出现大幅溢价的情况，这时候，投资者申购母基金后分拆再将其销售，就可以获得利差。当然，投资者在进行套利操作时，还要考虑套利空间的大小以及手续费等因素。

例如，截至2019年3月14日，申万菱信证券分级基金中的分级B收盘价为1.475元，分级A的收盘价为0.967元，母基金的净值为0.9663元。从母基金的价格和分级A、分级B的价格来看，二级市场上分级B存在明显的溢价情况，投资者若想执行套利操作，可以从场外申购母基金。假如申购20000份母基金，需要19326元（不考虑申购手续费等情况），接着将母基金拆分成10000份分级A和10000份分级B到二级市场卖出。其中10000份分级A的价格为9670元，10000份分级B的价格为14750元（不考虑交易费用），那么此次套利总收益为：

获利总额=9670+14750-19326=5094元。

也就是说，在不考虑交易费用与成本的情况下，投资者可实现的获利幅度超过了25%。当然，在实际交易过程中，申购母基金需要缴纳一定的申购费用，卖出分级A和分级B也需要一定的费用。不过，即使如此，这种套利的利润也是很大的，毕竟分级B的溢价比例非常大。

在这里有一个问题出现了：为什么分级B溢价如此严重，市场上的套利盘却依然很少呢？这主要是因为股市处于上升趋势中，分级B的杠杆效应促使其盈利能力持续走高。分级B的价格正处于快速上升通道，持有分级B可能会获得更多的收益，因而没有人愿意卖出分级B。

第二，买入分级A和分级B，合并后赎回母基金。

当分级基金在二级市场的价格出现了明显的折价时，投资者可考虑从二级市场按比例买入分级A和分级B，然后将其合并成母基金再进行赎回操作，以实现套利操作。一般情况下，分级 A 的交易价格都会存在一定的折价行为，而分级 B 则会出现溢价。但是，当市场进入熊市时，分级 B 的持有者疯狂卖出分级 B，有时会因连续跌停而无法出货，此时分级 B 的价格可能会出现折价。或者分级 B 的持有者因无法在二级市场卖出分级 B，不得不转而通过买入分级 A 再合并赎回母基金的方式来止损。出现上述两种情况时，投资者都可以通过买入分级 A 和分级 B，合并后赎回母基金来完成套利或止损操作。

例如，若某分级基金中的母基金净值为 0.67 元，分级 A 的净值为 1.02 元，市场价格为 0.987 元，分级 B 的净值为 0.32 元，市场价为 0.22 元。此时，投资者可买入分级 A 和分级 B 各 10000 份，总金额为 12070 元（不考虑交易费用与成本）。投资者将两者合并为 20000 份母基金并赎回，可获得资金为 13400 元（不考虑赎回费用）。此次套利可获利润为：

获利总额 =13400-12070=1330 元。

当然，考虑交易成本以及市场变化，真实的获利数字可能会低于 1330 元。其实，在熊市中，利用分级 A 和分级 B 折价完成套利操作非常困难，投资者通过买入分级 A 和分级 B，合并后赎回母基金的操作，更多地是为了从分级 B 中出逃。当很多深陷其中的投资者都采用这种方式出逃时，分级 A 不仅不会折价，还可能会出现溢价行为，这时持有分级 A 的投资者将会获得额外的收益。

二、基金折算与填权行情

前面曾经提到过基金的折算问题。通常情况下，分级基金定期折算主要是与分级 A 有关，对整个市场的影响并不大，而非定期折算则不同。发生非定期折算，说明基金业绩要么非常之好，要么是非常差。

牛市中，分级 B 折算完成后，其净值又重新回归到了 1 元的水平，此时若不是市场环境出现异常的话，分级 B 都会有一波填权走势，这波行情往往在母基金净值即将到达不定期折算临界点时就会启动。折算完成后，分级 B 往往还会有一波上攻走势，如图 8-8 所示。

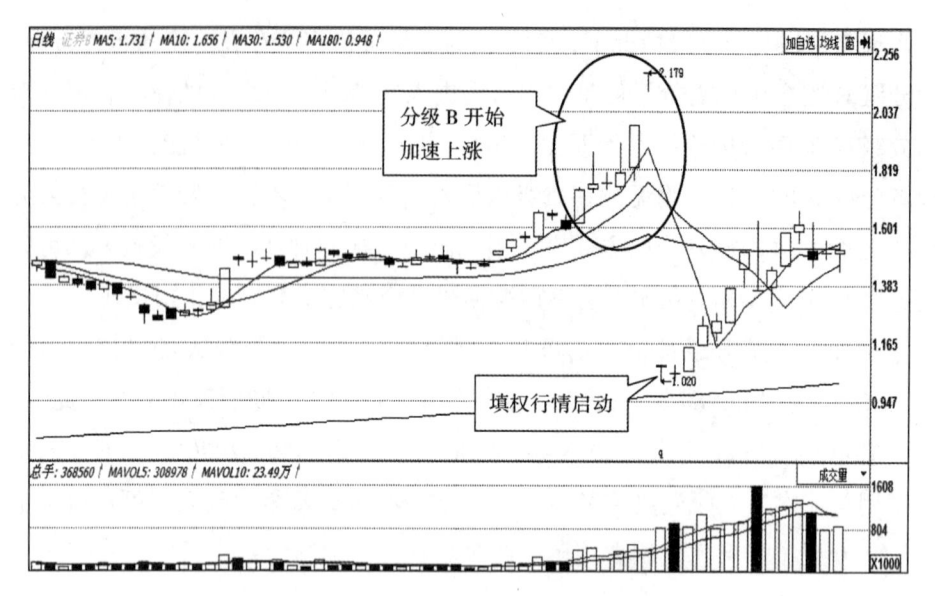

图 8-8　申万菱信证券分级 B 走势图

从图 8-8 中可以看出，申万菱信证券分级 B 在 2019 年 2 月初随着股市的上涨出现了加速上涨态势。由于申万菱信分级基金的母基金净值即将到达折算触发点（单位净值为 1.50 元），于是资金纷纷入场买入分级 B。分级 B 的价格短期内出现了大幅上扬。2019 年 2 月 27 日，分级 B 除权后，重新在 1 元位置启动上涨，短短几个交易日，分级 B 的价格就重新来到了 1.5 元附近。

申万菱信证券分级 B 的涨幅如此之大，除了填权因素外，还与当时的股市环境有关。当时证券板块的股票引领大盘上攻，涨势非常猛，因而分级 B 的涨幅非常之大。

三、分级 B 的资金游戏

在 A 股市场，股价短期内能够翻上一番的少之又少。不过，在分级 B 的交易世界里，翻倍并不是什么新鲜事儿，几乎每一波牛市都会有翻倍甚至翻上几倍的分级 B 基金。其实这也并不奇怪，毕竟分级 B 加了杠杆，再加上人为炒作，以及熊市中分级 B 的价格非常低，这样牛市来临后，分级 B 的价格就会快速上升。

下面看一下申万菱信证券分级 B 在 2019 年年初的走势情况，如图 8-9 所示。

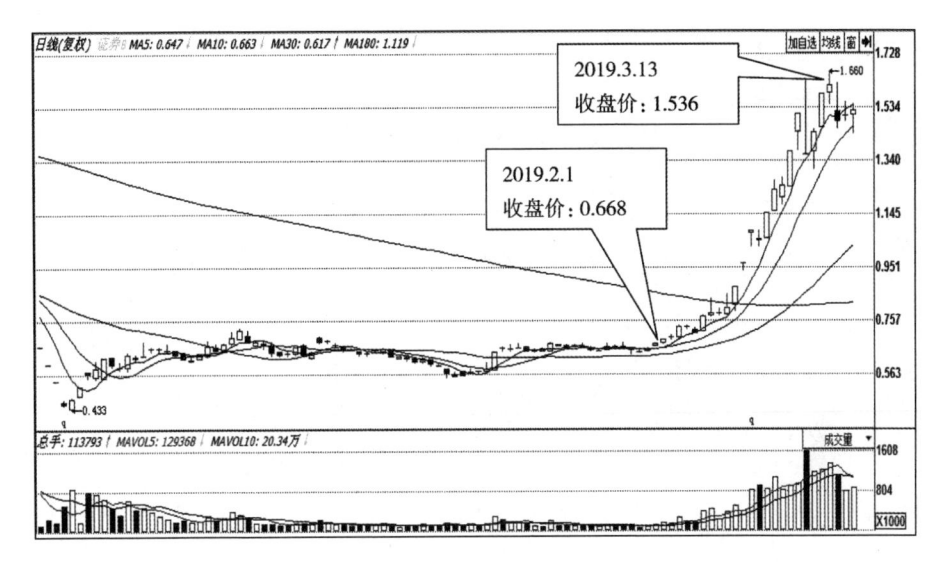

图 8-9　申万菱信证券分级 B 的日 K 线走势图

从图 8-9 中可以看出，申万菱信证券分级 B 的价格自 2019 年 2 月初跟随大盘的上涨出现了快速上攻走势。该基金价格一路暴涨，在一个多月的时间里上涨了两倍有余，由此可见分级 B 涨势之凶猛。其实，这也是很多持有分级 B 的投资者不愿意进行申购与赎回套利，而更愿意持有分级 B 待涨的原因。

第九章

其他基金的交易技术与方法

目前，市场上的基金品种类别较多，除了前面介绍的品种外，还有封闭式基金、LOF基金、保本基金、对冲基金等诸多品类。本章将简单介绍一下这些基金品种及其投资技巧。

第一节 封闭式基金

封闭式基金是与开放式基金相对的概念,是一种基金规模在发行前已经确定,在发行完毕后和规定的期限内,基金规模固定不变的基金品种。

通常情况下,封闭式基金一经成立会立即转入封闭期,在封闭期间基金规模不变,投资者不能直接向基金公司申购和赎回。基金公司可以在封闭期内按照预先核准的投资范围进行投资运作,这样就避免了投资者频繁申购与赎回对基金公司投资运作带来的消极影响。

一、封闭式基金的折价与溢价

封闭式基金本质上属于一种信托基金,其基金规模需要预先核准,规模确定后将不会发生改变。当然,这也并不是说投资者买入封闭式基金后,一定要等到规定的时间才能交易变现,只是投资者不能向基金公司申请赎回这些基金份额,投资者若需要回笼资金,可考虑通过二级交易市场卖出。相比股票型开放式基金,封闭式基金的申购与赎回费用较低,具体对照标准如表9-1所示。

表9-1 封闭式基金与股票型开放式基金费用对照表

项目	封闭式基金	股票型开放式基金
申购费用	0.5%	1.5%
赎回费用	0.5%	0.5%

从表 9-1 中可以看出，封闭式基金的申购费用明显低于股票型开放式基金。其实，这也是鼓励投资者购买的一种策略，毕竟封闭式基金的赎回相对较为麻烦。

借助二级市场交易封闭式基金，必然涉及一个折价率和溢价率的问题。这就如同你拿着一张银行的三年期国债，若想在第一年将投放到国债中的钱变现出来，由于时间未到，你可能会选择将国债转手他人，这时你就不可能再按照三年期的利率计算当前国债的价格，可能还要接受一定的折价，也就是以相对便宜一点的价格卖出。具体的折价比例，也就是你便宜多少卖出，就是所谓的折价率了。如果恰好你卖出国债的时机非常好，大家都抢着要，这时候你可以稍稍提高一点（比国债当时的净值高的价格）价格来卖出手中的国债，这时就产生了溢价。具体溢价的百分比，也就是你提高了多少百分比，就是溢价率。

折价率的计算公式如下。

折价率 =（基金份额净值 – 单位市价）/ 基金份额净值 × 100%

大家需要清楚，封闭式基金的交易行为是在二级市场展开的，基金价格并不完全由基金的净值所决定，即单位市价除了受净值影响外，还受供求关系的影响。买入的投资者多于卖出者，基金市价就会上扬；反之，则会走低。总之，基金的市价会围绕基金份额净值发生波动。

当基金的份额净值高于市价时，说明市场上很多持有基金份额的投资者愿意以较低的价格卖出基金兑现，那么它的折价率就是一个正值。例如，基金的份额净值为 1 元，而单位市价为 0.8 元，那么折价率计算如下。

折价率 =（1–0.8）/1 × 100%=20%

有时，由于市场上很多持币投资者愿意以相对较高的价格买入基金，就会促使基金市价走高，甚至高于基金的份额净值，那么它的折价率就变成了溢价率，也就是说，市场上的投资者愿意溢价买入基金。溢价率的计算公式如下。

溢价率 =（单位市价 – 基金份额净值）/ 基金份额净值 × 100%

例如，基金份额净值为 1 元，单位市价为 1.3 元，那么溢价率计算如下。

溢价率＝（1.3-1）/1×100%=30%

关于折价率与溢价率，投资者也可以这样理解：折价率与溢价率是一种互为相反数的关系。例如，前面介绍的基金份额净值为 1 元，市价为 1.3 元，若计算该基金的溢价率，则为 30%，若计算其折价率，就是 -30%。

二、封闭式基金的交易要点

由于单纯的封闭式基金难以满足投资者的投资需求，特别是股市震荡使得很多投资者在想要赎回基金时却做不到，因而越来越多的投资者开始抛弃封闭式基金。尽管传统的封闭式基金已经风光不再，但其变形品种却仍然活跃于当今舞台，如定期开放型封闭式基金。

目前，市场上比较受追捧的定期开放型封闭式基金一般为三年定开基金，即投资者申购基金后，三年内不得赎回，其后可以进行赎回操作。其实，三年的时间就是为了避免投资者频繁申购与赎回，打乱基金经理的布局。同时，三年的时间也可以迎接一次完整的股市上升行情，能够使投资者的收益达到最大化。

投资者若感觉单纯的封闭式基金过于保守和死板，可以尝试一些三年定开的品种。

第二节 LOF 基金

LOF 基金，全称为上市型开放式基金，这是一种吸收了封闭式基金和开放式基金优点设计的一款基金品类。该基金认购结束后，投资者既可以从常规的基金销售渠道申购该基金产品，也可以通过网上证券交易系统买卖该基金份额。当然，若投资者不是在证券公司或证券交易系统内申购该基金，那么，要想通过网上交易该基金产品，还需要办理转托管手续，这一点在前面也介绍过。

一、LOF 基金的基本特征

LOF 基金非常容易识别。一般情况下，在正常的基金名称之后会有一个括号，里面会注明"LOF"标示，如"兴全趋势投资混合（LOF）"基金。通过该基金名称可以知道，这是一只混合型基金，同时也是 LOF 基金。

LOF 基金具有如下几个典型的特点。

第一，基金不仅有单位净值，还有交易价格。

LOF 基金不仅有单位净值，而且在二级市场上还会有一个报价。例如前面所说的兴全趋势投资混合基金（LOF），2019 年 3 月 18 日该基金的单位净值为 0.7586 元，该基金在二级市场的收盘价为 0.754 元。尽管二级市场的交易价格会随着供求关系的影响出现上下浮动，但整体上仍会围绕净值波动，毕竟一旦市价偏离净值太多，就会有套利盘涌入，从而抵消价差。

第二，相比 ETF 基金，LOF 基金套利更加简单、容易。

申购 LOF 基金只需提供相应的现金即可，无需像 ETF 基金一样提供一篮子的股票。若投资者直接在证券公司开户交易基金，可实现快速、安全的套利。当然，投资者在套利时还需考虑交易成本的问题。另外，基金净值是以当日收盘价计算的，并不是盘中的预估净值。这些因素都是投资者进行套利前必须考虑清楚的。

第三，LOF 基金本质上属于开放式基金。

由于 LOF 基金的份额会根据投资者的申购与赎回随时变化，因而 LOF 基金本质上与开放式基金并没有太大的区别。

二、LOF 基金的套利技巧

LOF 基金的套利方法大致分为两种：其一，手中没有基金的套利方法；其二，手中有基金的套利方法。

1.手中没有基金的套利方法

投资者若发现 LOF 基金的市场价格明显高出基金净值，手中又没有基金，需要采用先申购基金再卖出的套利方法。其具体程序如下。

第一，利用证券交易系统，场内申购相应的 LOF 基金。尽管场内申购费用较高，但毕竟省去了转托管的麻烦。由于 LOF 基金的最新净值需要在下午 3 点收盘之后得出，因而投资者在下午 3 点之前的申购都会以当日收盘价为准。换句话说，投资者在进行基金套利之前，需要预估当日基金的净值是否值得进行套利操作。

第二，预估好时间差，打好提前量。

LOF 基金的申购需要在 T 日下午 3 点之前，T+1 日基金份额能够到账，T+2 日方可执行卖出操作。投资者需要了解从申购基金到基金到账过程中，基金市场价格可能会出现何种波动。如果基金报价朝着不利于自己的方向发展，则套利计划无法顺利实施。

当然，投资者若执行反向操作，也是同样的情况，即先从二级市场买入基金份额，再申请赎回基金。

总之，对于手中没有基金的投资者来说，实施 LOF 基金套利的风险相对比较高，毕竟谁也无法准确评估基金的价格或净值。

2. 手中有基金的套利方法

手中持有 LOF 基金的投资者进行套利，相对更为简单一些，可按照以下步骤实施。

第一，发现基金市场价格高于基金净值，可立即将手中的基金份额在二级市场卖出，换取现金。

第二，投资者拿到现金后，重新申购原持有份额的基金。这样，投资者手中的基金份额没有改变，却在一个交易日内完成了一次基金套利操作。

相对于手中没有基金的投资者而言，手中有基金的操作更为简单，风险也更低。

第三节 QFII 基金与 QDII 基金

QFII 基金与 QDII 基金是投资者最容易混淆的两种基金，同时也是风格截然不同的两个基金品类。

一、QFII 基金及其特点

QFII（Qualified Foreign Institutional Investors）是"合格的境外机构投资者"的英文简称。QFII 制度是一种在国内资本市场并未完全开放的情况下，允许部分外资进入国内资本市场的一种制度性安排。合格的境外投资者（QFII）可以将其本国货币兑换为即将进入国家的当地货币，通过专门的账户（被严格监管之下的账户），用于投资当地的资本市场。

例如，一些美国的专业投资机构想要投资 A 股市场，需按照相关法律法规的规定，将美元兑换为人民币，然后使用专门的账户交易 A 股。这也是我们总是能够知道外资何时来抄底 A 股的原因所在，毕竟外资账户是被监管的，他们是买入还是卖出，查询起来相对比较容易。

1. 合格的境外机构投资者的基本要求

并不是说所有的外资机构都可以投资 A 股，因为设计 QFII 的前提是合格的境外机构投资者，这个合格的境外机构投资者至少需要满足以下几点要求。

第一，资本总额的要求。通常情况下，境外机构投资者管理的总资产应该在 100 亿美元以上，规模太小的不行。投资机构的全球排名应该在 100 名以内。

第二，经验年限要求。基金公司或保险公司需要成立 30 年以上，这类机构往往投资经验非常丰富。

第三，缴纳足够的资本金。进入 A 股市场前，需要缴纳 10 亿美元的资本金。

2. 利润与资本的汇出方式

为了防止外资突然大规模外逃给资本市场带来严重的冲击，QFII 机构想要汇出资本时，需要遵守以下原则。

第一，每次最多汇出 20% 的资本金，且间隔不得少于一个月。

第二，外资设有专门的停留期。通常情况下，专门投资 A 股的基金公司的停留期不少于三年，其他 QFII 机构的停留期不少于一年。也就是说，外资流入我国后，不能立即全额流出，这样容易给资本市场带来较大的冲击。

由于 QFII 的制度设计是为外资投资我国资本市场的，与普通投资者关系不大，大家有所了解即可。

二、QDII 基金及其操作技巧

QDII 基金全称为合格的境内机构投资者，是在一国境内设立，经相关部门批准，专门用于投资境外资本市场的证券投资基金。目前，内地的投资者无法直接投资于境外的证券市场，这些 QDII 基金就是大家投资于境外资本市场的最佳途径。

1. QDII 基金的设立与特点

2006 年 9 月，第一只 QDII 外币基金——华安国际配置基金问世，从此以后，内地投资者可以通过基金公司投资于全球市场。不过，华安基金的结算仍以美元为单位，最低认购额度为 5000 美元，并不是普通投资者都可以参与的基金品种。其后，南方全球精选配置基金成立，该基金以人民币为结算单位，认购额度最低为 1000 元。从此，普通投资者才算真正可以参与国际资本市场了。当 A 股市场不景气时，QDII 基金也为投资者提供了一条避险的渠道。

（1）QDII 基金的优点。

QDII 基金具有如下几个典型优点。

第一，放眼全球。QDII 基金的投资范围从国内转向国际，也不仅限于股票，还包括黄金、石油和大宗商品等，这在很大程度上能够分散风险。

第二，QDII 基金可以根据自身实际情况设置股票仓位，即最高可以全仓购入股票资产，这在很大程度上能够提升投资的盈利能力。当然，如果股市不振，也可能让亏损幅度更大。任何时候收益和风险都是同在的。

第三，投资门槛较低。最低申购金额为 1000 元，这为普通投资者打开了一扇投资于全球资本市场的大门。

（2）QDII 基金的缺点。

尽管 QDII 基金具有诸多优点，但其缺点也是十分突出的，具体包括如下几点。

第一，相比国外的基金管理人员，国内基金管理人员缺乏在国际市场选股的经验，因而选择的股票很可能收益不高。

第二，汇率风险是 QDII 基金面临的最大风险。因人民币对美元的汇率不稳定，可能导致投资收益大幅缩水，毕竟投资境外股票的收益最终是要兑换回人民币的。

第三，交易成本相对较高。相对于其他基金品种，QDII 基金的各项费用都比较高，比如申购费、管理费、托管费等都高于本土基金产品，毕竟 QDII 基金涉及的环节比较多。例如，同属南方基金旗下的基金品种，下面来看一下南方中证全指证券 ETF 联接基金的费率情况，如图 9-1 所示。

基金全称	南方中证全指证券公司交易型开放式指数证券投资基金联接基金	基金简称	南方中证全指证券ETF联接C
基金代码	004070（前端）	基金类型	联接基金
发行日期	2017年01月26日	成立日期/规模	2017年03月08日 / 3.225亿份
资产规模	2.15亿元（截止至：2018年12月31日）	份额规模	3.0184亿份（截止至：2018年12月31日）
基金管理人	南方基金	基金托管人	中国银行
基金经理人	孙伟	成立来分红	每份累计0.00元（0次）
管理费率	0.50%（每年）	托管费率	0.10%（每年）
销售服务费率	0.40%（每年）	最高认购费率	0.00%（前端）
最高申购费率	0.00%（前端）	最高赎回费率	1.50%（前端）

图 9-1　南方中证全指证券 ETF 联接基金的费率情况

从图 9-1 中可以看出，申购该基金不收取任何费用，管理费为每年 0.5%，服务费为每年 0.4%，托管费为每年 0.3%。

下面再来看一下南方全球精选配置基金的费率情况，如图 9-2 所示。

基金全称	南方全球精选配置证券投资基金	基金简称	南方全球精选配置
基金代码	202801（前端）	基金类型	QDII
发行日期	2007年09月12日	成立日期/规模	2007年09月19日 / 299.982亿份
资产规模	37.66亿元（截止至：2018年12月31日）	份额规模	45.0342亿份（截止至：2018年12月31日）
基金管理人	南方基金	基金托管人	工商银行
基金经理人	黄亮	成立来分红	每份累计0.00元（0次）
管理费率	1.85%（每年）	托管费率	0.30%（每年）
销售服务费率	---（每年）	最高认购费率	1.50%（前端）
最高申购费率	1.60%（前端） 天天基金优惠费率：0.16%（前端）	最高赎回费率	1.50%（前端）

图 9-2 南方全球精选配置基金的费率情况

从图 9-2 中可以看出，该基金的管理费率为每年 1.85%，托管费为每年 0.3%，申购费为 1.6%。对比图 9-1 和图 9-2 可以发现，QDII 基金的申购费用、管理费用和托管费用都比较高。

2.QDII 基金交易技巧

由于 QDII 基金主要布局海外资本市场，因而这类基金的交易规则与其他基金品种稍有不同。

（1）T+0 交易规则。

由于海外证券市场多执行的是 T+0 交易规则，为了配合这些证券市场的交易规则，规避交易风险，从 2015 年开始，QDII 基金开始执行 T+0 交易规则。不过，在实际操作中，真正能够执行 T+0 交易的是那些在场内上市的 QDII-ETF 基金和 QDII-LOF 基金。如果 QDII 基金不能在二级市场交易，则无法进行 T+0 交易。

例如，前面介绍的南方全球精选配置基金就没有在二级市场上市，也就无法进行 T+0 操作。而交银中证海外中国互联网指数（QDII-LOF）（简称：

中国互联）这类在二级市场上市的基金，则可以执行 T+0 操作。图 9-3 为该基金在 2019 年 3 月 20 日的分时走势图。

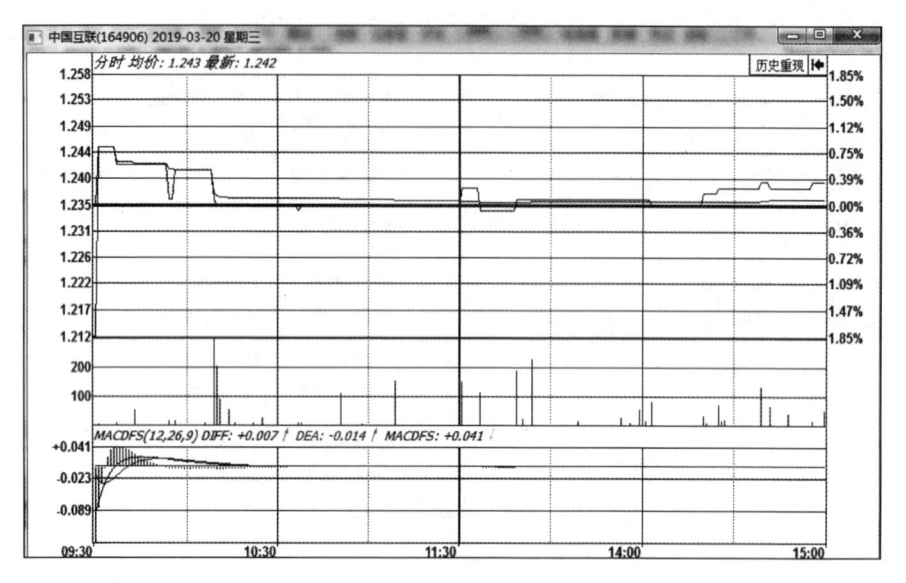

图 9-3　中国互联基金报价分时走势图

从图 9-3 中可以看出，该基金的成交相对比较冷清，价格波动也不平滑，说明投资者缺乏交易该基金的兴趣。其实，这也与我们的上市时间与国外股市的交易时间存在时差有关。也就是说，我国股市开盘时，欧美股市大部分已经收盘，而投资于在美国上市的中国互联网企业的中国互联基金的净值其实已经确定了，因而该基金的价格波动往往只会在开盘时段比较剧烈，一旦基金价格与净值接近时，价格波动将不再激烈。

（2）场内与场外套利。

由于存在外汇管制，投资者无法立即将场内基金和场外基金相连接，因而场内基金往往会出现一些溢价的情况。有时这类基金甚至可能出现 10% 以上的溢价，这时投资者就可以按照 LOF 基金的套利方法，从场外申购该类基金，然后转入场内卖出，从而实现套利操作。

不过，相对于普通的 LOF 基金，QDII 基金的套利面临的风险更大，因为外汇汇率风险与时间差的存在，都可能抵消或抹平基金带来的溢价。

第四节 打新基金

打新基金是指将资金用于申购新股的基金。也就是说，这类基金可以利用资金的规模优势，提高打新股的中签概率。

打新基金其实也是普通的基金品种，只是这类基金会拿出相当大一部分资产用于打新股。从这点上来说，打新基金又与其他基金品种有所区别，因为股票型基金肯定不可能一下子把所有的股票清仓了去打新股。

一、从名称中识别打新基金

投资者可以从以下几个角度来识别打新基金。

第一，从基金名称中识别。通常情况下，股票型基金或债券型基金对仓位都有严格限制，这些基金不能从中拿出大量的资金用于打新股。一些打新基金的名称就会与普通的基金产品相区别，如灵活配置基金或个别的混合基金等。如"信诚新悦回报灵活配置混合A"基金，就是一只典型的打新基金。

第二，净值相对稳定的基金。通常情况下，一些非打新基金中的混合型基金净值波动比较剧烈，若其将大部分资产用于打新，其净值就会保持在相对稳定的范围内。也就是说，这类基金净值应该会呈现相对稳定上升的态势，而非剧烈的上涨或下跌态势。下面看一下信诚新悦回报灵活配置混合A的净值走势情况，如图9-4所示。

从图9-4中可以看出，沪深300的走势震荡幅度比较大，信诚新悦回报灵活配置混合A的走势则相对平稳许多，这就是打新基金的一个显著特点。当然，这类基金牛市的回报率可能会低于普通的股票型基金。

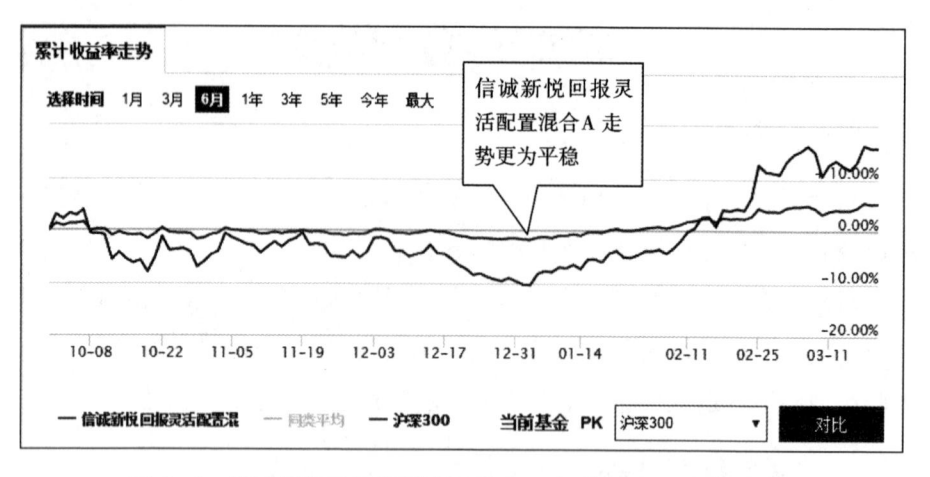

图9-4　信诚新悦回报灵活配置混合A与沪深300走势对比

二、如何挑选打新基金

市场上的打新基金有很多，收益率差别也很大。投资者在挑选打新基金时，应注意考量以下几个维度。

第一，基金的整体规模。

打新基金的规模并不是越大越好。基金规模过大，打新收益就容易被稀释，当然，规模过小也不行。深交所和上交所对基金底仓的规模有要求，至少要在5000万元以上才相对安全一些。投资者在选择打新基金时，当以10亿元左右的基金为佳。超过50亿元规模的基金，收益可能不会太高。

第二，基金的历史业绩。

通过打新基金的历史业绩，往往能够预测未来的业绩情况。通常情况下，一只基金或基金公司打中新股的数量较多，基金规模不是很大，其业绩就容易上升，反之，则收益较低。投资者在选择基金时，应该挑选那些历史打新业绩较佳的基金品种。在这里，有一点需要投资者了解清楚，打新基金并不是在任何时候都稳赚不赔的，由于新股发行提速，打新收益也在逐步走低。

第三，基金的投资方向。

有一些打新基金在没有新股发行时，会投资于一些债券产品，也有一些基金公司会投资于股票产品。通常情况下，投资于债券的打新基金收益更为稳定，但整体收益率也可能不会太高。投资于股票的打新基金收益波动可能比较大，但也可能有较高的收益。投资者在选择基金时，需要根据自身的风险承受能力，仔细研判基金的投资方向。

三、战略配售基金（独角兽基金）

大家知道，很多股票上市发行的数量并不是很多，因此也就不需要这种战略配售基金的支持。独角兽企业则不同，它们发行的股票数量较多，市值较大，因而需要独角兽基金来为市场建立一个缓冲地带。

为了降低这类股票对市场流动性的冲击，特别引入了一种战略配售基金，俗称独角兽基金。2018年6月，六只独角兽基金开始募集，并在短短的十几个交易日内募集超过千万的资金，由此可见市场上投资者对该基金的热衷程度。六只独角兽基金包括华夏战略配售基金、南方战略配售基金、汇添富战略配售基金、易方达战略配售基金、招商战略配售基金、嘉实战略配售基金。这些战略配售基金与其他打新基金还存在着一些显著的不同。

第一，封闭期较长。六只战略配售基金的封闭期达三年之久，这对于很多投资者来说是一个很大的挑战，毕竟三年的时间并不算短，投资者在此期间不能进行赎回操作。

第二，具有LOF基金的属性。六只战略配售基金尽管在三年的封闭期内不能赎回，但可以在发行结束的六个月后转为LOF基金，即这些基金可以在场内交易。不过，一般来看，这些基金很可能会出现一定的折价。

2018年6月独角兽基金发行后，股市出现了大幅下跌走势，独角兽企业开始推迟或延缓上市的步伐，一时间，独角兽基金遇到了无米下锅的窘境。也正因为没有独角兽企业发行，这些战略配售基金不得不买入一些债券来充实仓位。2018年下半年，随着股市的下跌，所有股票型基金的跌幅都非常大，只有这些独角兽基金因为买入了债券而获得了正收益。

到了2019年，随着股市回暖，独角兽企业以及科创板企业将陆续上市，独角兽基金也许会迎来用武之地。

第十章

基金定投

基金定投是定期定额投资基金的简称,是指投资者在固定的日期(如每月10日,一般为投资者获得固定收入的日期)将固定金额的资金投入到某一开放式基金中的基金投资方式。从某种意义上来说,基金定投有培养投资者投资理财习惯的作用。进行基金定投的投资者一般都是在每月工资中拿出一部分用于定投,也正因为如此,定投的日期也都设定在工资发放日的次日。

第一节 基金定投与定投模式

长期投资、摊低成本是基金定投的核心优势。投资者通过不间断地定投，可以有效地避免因判断失误而错过最佳的投资机会。

一、基金定投的基本策略：时机、标的与原则

一般来说，能够长期坚持基金定投的投资者，都能获得较为丰厚的回报。不过，基金定投要想实现较大的投资收益，也需要讲究一定的方法和策略。

1. 基金定投的标的

从理论上来说，无论何种基金都可以进行基金定投。不过，对于债券型基金和货币型基金来说，由于其收益较为稳定，进行定投与定期储蓄的区别不大，所以定投的意义也不大。

从投资的角度来说，股票型或偏股型基金特别是指数型基金，才是基金定投的最佳标的。投资者通过不间断地定投，可以不间断地平摊持仓成本。从国外相关研究结果来看，指数型基金的收益情况往往要好于大多数主动型股票型基金。这个结论确实让人感到沮丧，几乎所有股票型基金的基金经理都力图通过自身的努力实现跑赢指数的目标，然而，仅有为数不多的基金才能真正做到"跑赢"指数。

2. 开启与结束基金定投的时机

尽管基金定投可以平摊投资成本，但并不意味着无论何时开启基金定投都能有不错的收益。基金定投开启与结束的时机也需要有所选择。

一般来说，股市经过一波较大幅度的下跌之后，大盘指数开始在底部进行震荡整理的时候，是投资者开启基金定投的时机。当然，有时候投资者也会判断失误，之后大盘可能还会继续走低，不过这已经不重要了，因为基金定投能够平摊掉这部分成本。

当股市出现较大幅度的上涨后，投资者一般应考虑停止定投，并在大盘指数到达较高位置后开始逐步赎回定投的资金。

3. 基金定投的原则

投资者进行基金定投时，需要坚守以下三个基本原则，如图10-1所示。

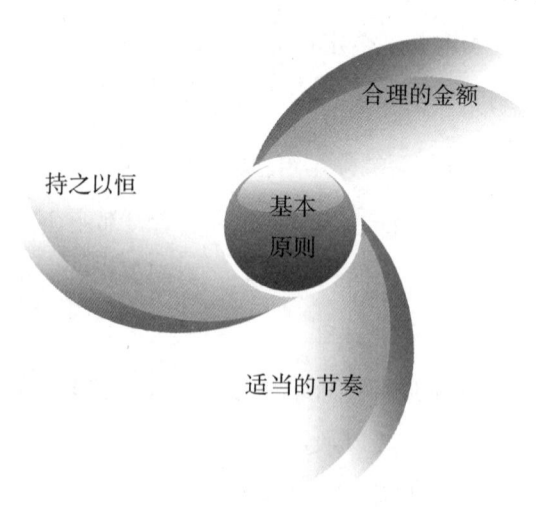

图10-1 基金定投的三个基本原则

第一，合理的金额。

基金定投需要在固定的时间投入固定金额的资金，这个资金额度应该是投资者经过合理计算获得的，不能影响投资者的正常生活。也就是说，投资者不能因为眼下手中的闲钱较多，就设置较高额度的定投标准，也要从未来着眼，确保不会因为基金定投影响家庭支出。同时，如果额度设置过高，可能会在中途不得不放弃定投计划。例如，某投资者手中有余量金额为20000元，月收入为5000元，每月支出大约为3000元，那么该投资者在设置基金定投的额度时，一般不应该超过1000元。

第二，适当的节奏。

确定定投节奏，既要考虑收入进账的节奏，也要考虑定投额度的问题。对于以工资收入为主要资金来源的投资者，以月度为周期进行基金定投是一个不错的选择。当然，为了进一步平摊成本，将每月用于定投的金额分成四等份，并以周为周期进行定投也是不错的选择。例如，投资者若能够每月定投 4000 元，可以将其变为每周定投 1000 元。反之，若将定投节奏设置为每年或每季一次，则定投节奏明显过缓，也起不到平摊成本的作用。

第三，持之以恒。

基金定投需要很长的时间才能看到效果。按照目前股市的波动情况，一般三到五年才会出现一次较大的行情，因而投资者的定投必须持续三到五年才能获得预期的收益。换句话说，投资者一旦决定开启基金定投，就必须有坚持五年甚至更长时间的准备，绝对不能半途而废。

二、基金定投的特点

基金定投具有以下三个显著的特点，如图 10-2 所示。

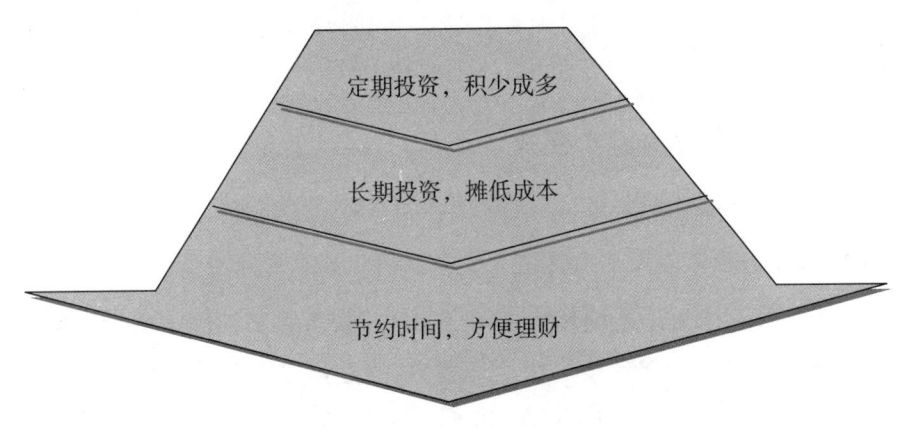

图 10-2 基金定投的特点

1. 定期投资，积少成多

基金定投在一定程度上可以起到替代零存整取的作用，投资者通过不间断地投入资金，可以在一定的时间内积累相对较多的资金。当然，积累资金量的多少与投资者坚持定投的时间和定期投入的资金多少有关。

2. 长期投资，摊低成本

通过基金定投，投资者可以不必过分关注入场的时机。买入基金后，随着股市的下跌，即使基金净值也随之走低，但只要坚持定投，同样的资金量就可以获得更多的基金份额，从而起到摊低成本的作用。例如，投资者在基金净值为1元时定投1000元，获得1000份额的基金。其后若股市走低，基金净值随之走低，净值降低至0.8元，那么，投资者再定投1000元，将会获得1250份基金，这时基金成本被摊低至0.89元。其后，若股市继续走低，基金净值随之走低，降低至0.5元，那么投资者再定投1000元，将会获得2000份基金，这时基金成本被摊低至0.71元左右。若其后股市反弹，基金净值若能上升至0.75元左右，投资者就可以实现盈利了，无需等到净值回升至初始投资的1元位置。

3. 节约时间，方便理财

投资者设置基金定投后，系统会定时从银行账户中扣除相应的金额并转换成基金份额，投资者无需经常跟踪股市和基金市场，因此是一种比较方便的理财方式。

三、基金定投的基本模式

基金定投的模式主要包括两种：其一，匀速定投，其二，变速定投。

1. 匀速定投

匀速定投是指无论外围环境如何变化，投资者只坚持固定的投资额度与节奏不变。例如，投资者设定在上证指数3000点以下开始按照每周500元的速度匀速定投。此后，无论大盘指数上升或下跌，均保持每周500元的节奏定投。也就是说，即使大盘指数下跌至2000点以下，投资者仍会坚持每周500元的定投节奏。

例如，某投资者在3000点时按照净值为1元的价格申购了500份某基金（不考虑手续费等因素），当基金净值下跌至0.9元时，再度申购500元，就会得到555.56份基金；当基金净值下跌至0.8元，再度申购500元，得到625份基金；当基金净值下跌至0.7元，再度申购500元，得到714.29份基金；当基金净值下跌至0.6元，再度申购500元，得到833.33份基金；当基金净值下跌至0.5元，再度申购500元，得到1000份基金。至此，该投资者共投资了3000元，获得了4228.18份基金，平均持仓成本为0.7095元/每份。此后，若该基金出现反弹，基金净值上涨至0.7元/每份，该投资者仍亏损40.274元。

2. 变速定投

变速定投是指投资者根据基金净值和资本市场的变化，适度调整定投的额度或节奏，以确保实现收益最大化。例如，投资者仍设定上证指数3000点为定投启动点。此后，若大盘指数在3000点下方每下行100点，则定投的额度增加50元；若大盘指数上升超过3000点，则定投额度减少50元，直至停止定投。也就是说，若上证指数下跌至2000点，定投额度将调整为每周1000元。这样，投资者将会在大盘企稳时很快实现盈利的目标。

例如，某投资者在3000点时按照净值为1元的价格申购了500份某基金（不考虑手续费等因素），当基金净值下跌至0.9元时，其再度申购550元，就会得到611.11份基金；当基金净值下跌至0.8元，则再度申购600元，得到750份基金；当基金净值下跌至0.7元，则再度申购650元，得到928.57份基金；当基金净值下跌至0.6元，则再度申购700元，得到1166.67份基金；当基金净值下跌至0.5元，则再度申购750元，得到1500份基金。至此，该投资者共投资了3750元，获得了5456.35份基金，平均持仓成本为0.6873元/每份。此后，若该基金出现反弹，当基金净值上涨至0.7元/每份，该投资者可实现盈利69.45元。

通过与之前的案例对比可知，同样是从3000点开始启动定投，变速定投能够更早地实现盈利的目标。

第二节 基金智能定投

前面介绍了两种基金定投模式，从这两种模式可以看出，变速定投对投资者而言是一种比较有利的定投模式。不过，这种模式也存在一定的弊端，比如，投资者需要密切跟踪基金净值和大盘指数的变化，并随之调整定投的金额。正因为如此，很多基金公司相继推出了一些智能定投产品。

所谓智能定投，是指系统根据投资者设定的条件，自动跟踪市场行情的变化，并根据市场行情变化切换定投的额度。智能定投在很大程度上节约了人为跟踪市场的时间，对市场的反应也更加及时。目前，很多基金公司、证券公司都推出了智能定投产品，如慧定投、阿牛定投、广发基金赢定投等。

目前，市场上的智能定投产品大致可以分为以下四类，如图10-3所示。

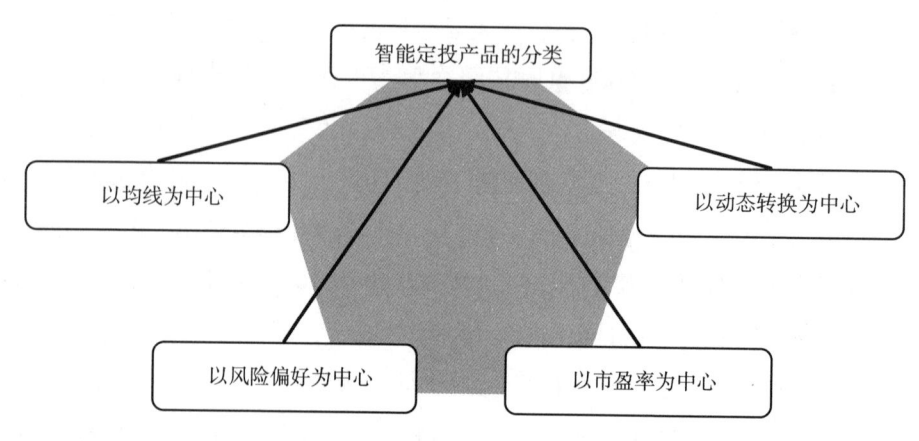

图10-3 智能定投产品的分类

一、以均线为中心的智能定投

由于定投产品多为指数型基金，指数型基金的净值走势又与指数相吻合，其中最常使用的指数包括沪深300指数、上证50指数、创业板指数等。

智能定投系统为了判断当前指数走势处于强势还是弱势，往往会引入均线系统进行分析。按照均线分析理论，当指数运行于均线上方一定幅度时，说明指数走势极为强势，未来有回调的可能；反之，若指数运行于均线下方一定幅度时，说明指数走势极为弱势，未来有反弹的可能。下面以沪深300指数为例进行介绍，如图10-4所示。

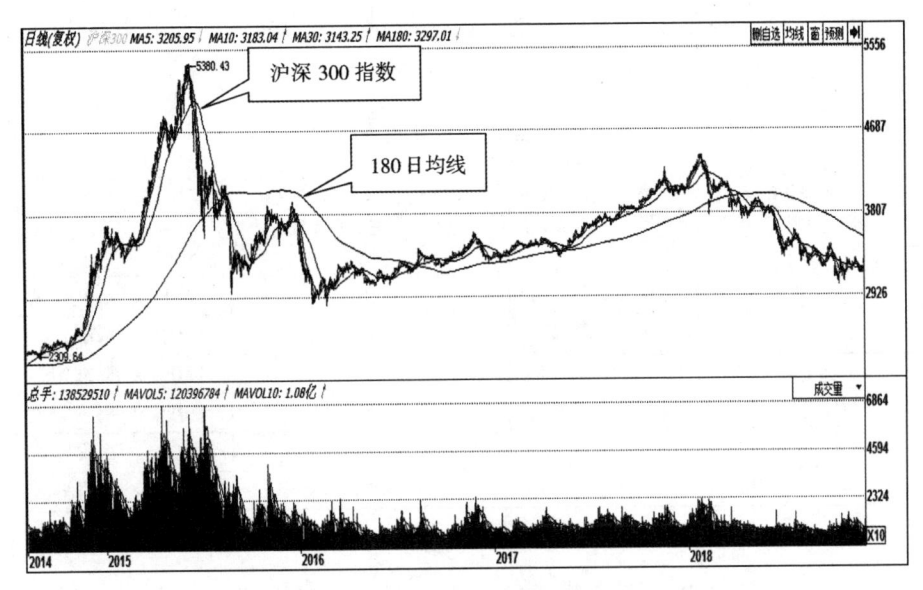

图10-4　沪深300指数日线走势图

图10-4为沪深300指数日K线走势图，从图中可以非常容易地找到一条180日均线。沪深300指数的日K线经过一段时间的上涨后，会与180日均线产生较大幅度的偏离，此时往往属于指数即将回调的时机。反之，当指数线经过一段时间的下跌后，同样会与180日均线产生较大幅度的偏离，此时属于指数线即将开始反弹的时机。

以均线为中心的智能定投，正是考虑了指数走势与均线的位置关系。当指数处于上升趋势，且距离均线一定幅度后，系统将会自动缩减定投额度。反之，当指数处于下跌趋势，且距离均线一定幅度后，系统将自动提高定投额度。

下面以支付宝基金定投页面中的"慧定投"为例，介绍该类智能定投的运行方法。

慧定投系统默认的指数为沪深 300 指数，均线系统为 180 日均线。投资者若以此参数为基准设置智能定投，系统会根据定投日期之前的沪深 300 指数走势以及与 180 日均线之间的关系和投资者设置的基准定投额度，确定当期的定投额度。也就是说，在智能定投系统中，基金定投只是在固定的日期投入不定额的资金，其具体浮动标准如表 10-1 所示。

表 10-1 慧定投每期定投额度计算表

T-1 日指数收盘价高于沪深 300 指数平均值	实际定投额度	T-1 日指数收盘价低于沪深 300 指数平均值	实际定投额度
0~15%	90%×基准定额	0~5%	160%×基准定额
15%~50%	80%×基准定额	5%~10%	170%×基准定额
50%~100%	70%×基准定额	10%~20%	180%×基准定额
100% 以上	60%×基准定额	20%~30%	190%×基准定额
		30%~40%	200%×基准定额
		40% 以上	210%×基准定额

假如某投资者利用慧定投进行基金定投，若其设置的基准定投额度为 500 元，那么，当沪深 300 指数高于 180 日均线 10% 时，系统自动会将定投额度缩减为 450 元；反之，若沪深 300 指数低于 180 日均线 15%，系统会自动将定投额度放大至 900 元。

总之，智能定投的核心思想就是大跌大买备反弹，大涨少买防回调。投资者若能长期按照智能定投的要求投资，那么只要股指稍有回调，就会有不错的收益。

当然，投资者在应用慧定投时，也可以根据个人的偏好修正参照标准。例如，投资者可将沪深 300 指数调整为中证 500 指数或创业板指数（目前系统只提供上述三种指数），也可以将 180 日均线调整为 250 日均线或 500 日均线（目前系统只提供上述三种周期的均线）。

运用以均线为中心的智能定投系统时，投资者需要注意这样几个问题。

第一，均线的选择。在慧定投系统中，默认给出的是 180 日均线。实际上，基金定投作为一项需要长期坚持的投资理财活动，需要选择相对较为稳定的均线。均线周期越长，其稳定性越好。从这点上来说，180日均线可能过于敏感，360日均线或500日均线可能更好一些。

第二，没有止盈设置。当指数上涨到一定幅度后，系统会自动减少定投的资金量，但仍没有给出结束定投或赎回的信号。何时可以不再定投或何时可以赎回基金，需要投资者自己把握。

二、以市盈率为中心的智能定投

以市盈率为中心的智能定投与以均线为中心的智能定投在设计思想上非常接近，它是根据指数平均市盈率的高低分别赋予相应的定投变动幅度而设计的。用通俗的话来说，市盈率越高，说明指数越贵，越要少投钱；反之，市盈率越低，说明指数越便宜，越要多投钱。从历史经验来看，市盈率处于较低水平时，往往属于股市底部区域的时候，这时候加大投资金额，无疑会产生较为丰厚的投资收益。

下面以腾讯理财通基金定投页面中的"智能定投"为例，介绍该类智能定投的运行方法。

腾讯理财通智能定投系统的参数都是设置好的，不需要投资者再进行设置。该系统将投资者投资目标基金所跟踪的指数市盈率与该指数历史上前500日平均市盈率分组进行比照，并分别赋予不同的定投调整系数。该系统会将历史前500日市盈率自低而高分成10组，其具体浮动标准如表10-2所示。

表10-2　腾讯理财通智能定投调整系数

市盈率分组	1	2	3	4	5	6	7	8	9	10
定投比例	2	1.8	1.6	1.4	1.2	0.9	0.8	0.7	0.6	0.5

投资者每期定投的额度计算公式如下。

每期定投额度 = 基准定投额度 × 定投比例

这里需要注意这样几点。

第一，跟踪的标的。在腾讯理财通智能定投系统中，并未给出标准的指数跟踪标的，系统会根据投资者选择的目标基金选择跟踪标的。例如，投资者选择了一只跟踪沪深300的指数基金，系统会自动将沪深300指数作为分析标的。

第二，市盈率分组。该系统提供的市盈率分组数据并不是固定不变的，而是将所选指数前500个交易日的平均市盈率自低向高进行分组设定。例如，沪深300指数在前500个交易日内平均市盈率最高为50倍，最低为10倍，那么，系统会自动将市盈率从10倍到50倍分成10个组。当然，随着时间的延续，市盈率可能会创出新的最高点或最低点，这时系统也会随之进行相应的调整。例如，最新一个交易日的平均市盈率为9倍，那么系统的分组系统会自动将9倍设置为最低倍数。

例如，投资者选择了某只中证500指数基金品种，设置的定投基准额为500元/月。那么，某一月份，市盈率水平若位于500个交易日内市盈率的第3组水平，则该月定投额度为500元×1.6=800元；反之，另一个月份，市盈率水平若位于500个交易日内市盈率的第9组水平时，则该月的定投额度为500×0.6=300元。

与以均线为中心的智能定投相比，以市盈率为中心的智能定投也没有解决止盈止损的问题。

三、以风险偏好为中心的智能定投

以风险偏好为中心的智能定投，是根据投资者的风险承受能力以及财务状况和投资时长等来选择基金类别和配置比例的。智能定投系统会根据投资者的风险偏好情况，合理规划股票型基金、债券型基金、货币型基金、黄金基金的配置比例。投资者选择了以风险偏好为中心的智能定投，就相当于投资了一个基金组合。也就是说，若投资者风险承受能力较强，系统会自动配置较高比例的股票型基金，反之，股票型基金的配置比例就会减少。因为该类智能定投需要投资的基金品种较多，因而需要投资者投入的资金额度也相对较高。该类基金不像其他基金定投产品可以100元起投，而是必须以5000元甚至2万元起投。

目前，市场上以风险偏好为中心的智能定投产品以招商银行的摩羯智投

第九章 其他基金的交易技术与方法

和京东智投为代表。下面以京东智投为例进行介绍，如图10-5、图10-6所示。

图 10-5 京东智投 1

图 10-6 京东智投 2

在启动定投前，京东智投会对投资者做一个风险评估测试。该测试的评估项目包括职业、收入来源、家庭可支配收入、财务状况、投资时间、计划投资金融产品、可承受的损失、关于投资的描述、信用记录情况等。系统根据投资者的情况确认一个风险等级，如保守型、谨慎型、稳健型、积极型、进取型等，如图10-5所示。其后，该系统还会根据确定的风险等级给出具体的资产配置方案，如图10-6所示。

从图10-6中可以看出，针对进取型投资者，京东智投给出的资产配置建议以债券型基金和股票型基金为主，黄金基金和货币基金占比较低。从理论上来讲，当投资者风险偏好发生变化时，系统给出的资产配置方案也会随之调整。不过，这种智能定投方案也存在明显的弊端，比如起投的金额往往比较高。京东智投是这类定投中起点最低的一种，也要5000元起步，其他的智能定投产品可能会更高。其次，在资产配置计划中，存在一些投资者并不感兴趣的资产，如喜欢追求高收益的投资者不得不配置一些货币型基金和黄金基金等；第三，投资者风险偏好发生变化，系统调仓时，会产生相对较多的费用。

四、以动态转换为中心的智能定投

目前的基金品种不仅包括股票型基金、债券型基金、货币型基金等几个大类，还涵盖了各种细分行业的指数型基金。通常情况下，各类基金的走势很难同步，可能一段时间内股票型基金呈强势，另一时间段内债券型基金走势比较强势。即使同样属于股票型基金，大盘指数走势与创业板指数走势或者各类行业指数的走势也不会同步，有时大盘股强势，有时创业板股票走势强势。

强者恒强，是投资领域一个永恒的法则。在判断强势基金方面，普遍认可的方法就是根据之前的走势确定，即在之前一段时间内基金净值走势较强者，其后继续走强的概率较大。以动态转换为中心的智能定投系统就是按照这一原理设计的。比如，系统设置了两类基金，其一为股票型基金，其二为债券型基金。当股市处于牛市行情时，股票型基金呈强势，那么系统会自动将资金投入到股票型基金中；当股市处于熊市时，股票型基金呈弱势，债券型基金呈强势，那么系统会自动切换至债券型基金。

当然，各家智能定投系统在备选的投资标的方面各有不同，如阿牛定投、蛋定投等。以蛋卷基金推出的"蛋定投"为例，蛋定投系统中有"二八轮动"和"八仙过海"两款经典产品。

1. 二八轮动

二八轮动全称蛋卷斗牛二八轮动，是蛋卷基金旗下的一款基金策略产品。经常投资股市的投资者知道，股市中存在着一个"二八轮动"规律，其中的"二"指的是占A股市场20%左右的大盘股，这部分股票虽然数量相对较少，但资本量却非常大，不容易被拉升或打压，这类股票的走势往往决定了整个股市大盘（上证指数）的走势；"八"指的是占A股市场80%左右的中小盘股票，这类股票数量众多，但资本量相对较少，也比较容易被拉升或打压。

从历史经验来看，大盘股走势经常会与中小盘股票走势产生分化。

蛋卷斗牛二八轮动系统是以天弘沪深 300 指数基金代表大盘股，以天弘中证 500 指数基金代表中小盘股票，再以天弘永利债券 E 为备选基金共同构成。以前 20 个交易日为分析周期，每一个交易日结束后，系统会自动分析此前 20 个交易日内的大盘指数和中小盘指数。当大盘指数呈强势时，则自动买入天弘沪深 300 指数基金；当中小盘指数呈强势时，则自动买入天弘中证 500 指数基金；当股市整体下行时，系统将会买入天弘永利债券 E。总之，系统会自动为投资者筛选之前 20 个交易日内走势较强的基金标的。

2. 八仙过海

八仙过海全称蛋卷斗牛八仙过海，也是蛋卷基金旗下的一款基金策略产品。八仙过海与二八轮动相似，也是根据投资候选标的的走势从中选择走势最强者，只是候选标的不再是代表大盘股的沪深 300 指数和中证 500 指数，而是比较有代表性的八个行业板块。八仙过海中涵盖的行业基金，包括招商中证大宗商品指数分级、招商沪深 300 高贝塔指数分级、招商中证全指证券公司指数分级、招商沪深 300 地产等权重指数分级、招商中证银行指数分级、招商中证煤炭等权指数分级、招商中证白酒指数分级、招商国证生物医药指数分级。此外还添加了招商信用添利债券作为低风险资产平衡器。

八仙过海系统将上证 50 指数日 K 线与修正后的 40 日均线走势关系作为基本的轮动参照。当上证 50 指数日 K 线向上穿越 40 日均线，并在下一个交易日站稳 40 日均线，则买入 3 种候选的行业基金。至于买入何种行业基金，则需选取八个行业基金中近 10 个交易日涨幅最大的 3 只基金。当上证 50 指数日 K 线向下跌破 40 日均线时，则全部卖出所持有的基金，并买入债基。

与二八轮动相似，八仙过海也存在一定的弊端，即股市若处于单边上升或单边下跌行情时，表现比较优异，一些震荡比较激烈的猴市则难以把握。系统可能刚刚将所有资金转入股票型基金，行情就出现了转向，系统再度发出卖出的指令。如此往复，该系统可能不仅没有获得盈利，反而会支付很多的交易费用。

除了上述四种智能定投模式外，很多基金公司为了解决投资者买入基金后无法确定卖出时机的问题，推出了目标盈功能。也就是说，投资者在申购基金时，可以设定基金的盈利目标。一旦基金的盈利幅度达到目标幅度时，系统会自动赎回基金。这样，投资者就完成了一次成功的投资，此后可以重新选择基金开启定投。